골드
크로스

골드크로스

주식과 부동산의 위기를
기회로 만드는 투자 전략

이광수·최경영 지음

메디치

돈의 시대,
피할 수 없다면 투자하라

지금 우리, 무엇이 가장 중요한가? 감히 돈이라고 말해본다. 믿고 싶지 않을지 모른다. 그러나 우리는 지금 인류 역사상 돈이 가장 중요해진 시대를 살고 있다. 돈 때문에 웃고 돈 때문에 울고 돈 때문에 산다. 당신의 재산은 얼마인가? 그에 따라 당신은 규정될 테고 이야기될 것이다.

어느 나라건 대통령후보가 선거에서 이기기 위해서는 경쟁자보다 더 나은 '돈의 공약'을 유권자에게 제시해야 한다. 이 시대 가장 존경받는 현인도 철학자가 아니라 돈으로 돈을 번 워런 버핏이다. 만약 지금 시대에 공자가 살아 있다면? 그는 너무 가난한 탓에 누구에게도 관심을 받지 못할 것이다. 코로나 바이러스가 건강과 생명을 위협하고 있지만 돈이 없으면 살 수 없기 때문에 직장인들은 여전히 출근하고, 자영업자들도 어떻게든 상가 문을 열고 있다. 이렇게 피할 수 없는 돈의 시대에, 우리는 어떻게 살아가야 할까? 뭘 해야 더 잘살 수 있을까?

피할 수 없다면 알아야 한다. 배워야 한다. 돈이 어떻게 움직이는지, 어떻게 해야 돈을 벌 수 있는지 알아야 한다. 또 어떻게 하면 돈을 잃는지도 들어야 한다. 투자를 이야기하고 투자로 세상을 봐야 하는 이유다.

이 책의 제목은 《골든 크로스》다. 한국 최고의 경제 저널리스트와 최고의 애널리스트가 손잡고, '돈의 시대'와 '투자의 시대'가 교차하는 이때를 살아가는 당신에게, 더 큰 수익을 얻을 수 있는 투자 전략을 전달하겠다는 의미다. 《골든 크로스》는 일상화된 경제위기 속에서 당신이 극적인 반등과 투자 수익을 얻을 수 있도록 도울 것이다. 돈의 시대, 투자의 시대에는 당신의 돈이 당신을 위해 일하도록 해야 한다.

그렇다면 투자란 무엇인가? 투자는 미래 행위다. 과거나 현재에 투자하는 일은 없다. 동전을 어떤 컵에 넣어놨는지 맞히는 일은 도박임이 분명하다. 내일 세상이 어떻게 변화할 것인지를 보다 과학적으로 전망하고 예측하여 투자해야 한다. 아무도 알 수 없는 미래는 어떻게 예측할 수 있을까? 출발은 콩과 밭에서 찾는다. "콩 심은 데 콩 나고, 팥 심은 데 팥 난다"라는 당연한 말이 미래를 예측하는 데 매우 중요하다. 밭에서 콩이 날 것이라고 예측할 수 있는 이유는 그곳에 콩을 심었기 때문이다. 피터 드러커는 이를 두고 "미래는 이미 일어나고 있다(The futures that have already happened)"라고 말했다.

투자를 위한 미래를 예측할 때 현재를 주목해야 하는 이유다. 사실 미래에 일어날 일들은 모두 현재가 원인이 된다. 그런데 사람들은 미래에 영향을 미치지 않는 과거를 자세하게 설명하거나 현재와 상관없는 미래를 예측하고 기대한다. 전문가들이 미래를 설명하는 데 과거에 집착하는 이유는 지나온 일은 쉽게 이해될 뿐만 아니라 추후에 변명거리가 될 수 있기 때문이다. "과거와 다르니 제가 어떻게 알았겠어요?"

또한 사람들이 현재와 관련 없는 미래를 이야기하는 이유는 누구나 희망을 갖고 있기 때문이다. 내일은 현재와 다를 것이라는 바람을 누구나 갖고 있다. 그러나 미래에 투자하는 상황에서 희망이란 전망을 망치는 지름길이다. 미래는 내가, 우리가 희망하는 대로 절대 바뀌지 않는다.

미래는 철저히 현재를 기반으로 일어난다. 콩 심은 데 콩 나기 때문이다. 미래를 예측하면서 지금 현재 무슨 일이 일어나고 있는지를 집요하게 분석하는 이유다. 현실을 제대로 파악하고 현실을 움직이는 원인을 고민한다면 미래는 생각보다 쉽게 예측할 수 있다. 부동산과 주식에 투자하려면 지금 무슨 일이 일어나고 있는지를 분석하는 일에서 출발해야 한다.

$$\text{ⓢ}$$

현명한 투자를 하려면 현실을 통해 미래를 예측함과 동시에 투자를 통해 세상을 보는 관점으로 전환해야 한다. 부자는 자산과 투자 대상을 극히 조심스럽게 관리한다면, 그렇지 않은 사람은 빚을 내서 그다지 필요하지도 않은 자동차와 텔레비전을 산다.

골든 크로스

세계적인 사학자 유발 하라리에 따르면 자본주의 윤리와 소비 지상주의 윤리는 동전의 양면이다. 이 동전에는 두 계율이 새겨져 있다. 부자의 지상계율은 "투자하라!"이고, 나머지 사람들의 계율은 "구매하라!"이다. 하라리의 말처럼 투자로 세상을 바라보면 나머지 사람들의 생각과 달라질 수 있다.

투자로 세상을 본다는 것은 기계적인 시각에서 벗어나 유연하게 행동하는 것을 의미한다. 투자시장은 일기예보나 도박과 근본적으로 다르다. 시장에는 참여자가 매수 또는 매도를 결정하기 위해 모두 가격을 전망하려 한다. 그에 따른 수요와 공급의 변화는 그다음 가격변동을 결정한다. 가격변동은 다음 거래자들에게 되먹임되어(feedback) 매수와 매도에 영향을 미친다.

투자로 움직이는 세상은 되먹임으로 가득 차 있다. 동전 던지기에는 되먹임 현상이 나타나지 않는다. 참여자들의 예측과 결과가 다음 동전 던지기에 영향을 미치지 않기 때문이다. 모두가 앞면을 예상한다고 해서 동전 앞면이 나올 확률이 달라지지 않는다.

그러나 투자시장은 그렇지 않다. 부동산 가격이 상승할 것이라고 예측된다면 모든 사람이 부동산을 사려고 할 테고, 부동산을 사려는 사람에게 시장 예측은 아무런 쓸모가 없어질 수 있다. 가격이 단기에 급등하면서 지나치게 높은 가격에 살 수밖에 없는 환경이 만들어지기 때문이다. 투자시장에서는 예측이 결과를 다르게 만들 수 있다. 되먹임으로 움직이는 투자시장에서 성공하려면 변화를 인정하고 투자 원칙과 자산시장의 본질에

대해 고민해야 한다. 투자 시 원칙을 가지고 유연하게 행동해야
하는 이유다.

$\textcircled{s}$

글로벌 금융위기에 이어 코로나19 대유행 등 불확실성 가득한
시대에 급변하는 투자시장을 어떻게 바라봐야 할까? 이를 돕
기 위해 이 책에서는 크게 두 가지 이야기를 펼치려 한다. 우선
1부(1~4장)에서 지금 자산시장에서 무슨 일이 벌어지고 있는지
를 차근차근 파악한 뒤, 2부(5~7장)에서 이 급변하는 시대에 어
떻게 투자할 것인지를 부동산과 주식을 중심으로 구체적으로
살펴보려 한다.

　　장별로 요약하면, '1장 왜 세계 경제는 빚으로 굴러갈까'에
서는 투자와 수익을 위해 독자가 반드시 알아야 하는 개념을 상
세히 담았다. 투자자는 상품의 값, 사람의 값, 돈의 값 그리고 빚
이라는 개념을 알아야 한다. 삼차원의 현재와 빚이라는 미래의
시간이 만들어내는 자본주의의 요지경을 미국, 중국, 한국, 유
럽, 아프리카 그리고 지중해를 넘나들며 상세히 분석했다.

　　'2장 왜 한국 경제는 부동산에 발목 잡혔나'에서는 한국 부
동산시장, 그중에서도 서울 땅값의 특성을 중점적으로 살폈다.
어떤 이유로도 떨어질 것 같지 않은 서울의 땅값을 모든 측면에
서 분석했다.

　　'3장 왜 정부의 부동산 정책은 오락가락할까'에서는 현재

부동산에 대한 사람들의 오해와 착시를 살펴보고 향후 정책 방향에 대한 제언을 담았다. 지금까지 문재인 정부는 어째서 부동산과의 전쟁에서 패배할 수밖에 없었을까? 우리 정부는 앞으로도 부동산시장을 관리하는 데 계속해서 실패하게 될까? 부동산시장 안정을 위해 정부는 무엇을 어떻게 해야 할지, 자세히 분석했다.

'4장 일상화된 경제위기, 어떻게 생존하고 번영할 것인가'에서는 투자가 이뤄지는 현실을 냉정하게 분석했다. 돈을 벌고 싶다면 반드시 투자해야 한다. 영화 〈설국열차〉에는 비좁은 엔진룸에서 일하는 작은 아이가 등장한다. 아이는 엔진룸보다 커서는 안 된다. 굶어 죽을 정도로 허약해서도 안 된다. 적당히 먹고 적당히 작아야 계속 설국열차의 엔진을 돌릴 수 있다. 이 설국열차의 엔진 이름이 '영원한 엔진'이다. 그렇다면 이 '영원한 엔진'을 돌아가게 만드는 것은 영원히 돌아가는 엔진일까, 적당히 작은 아이일까? 영원한 엔진이라는 이름의 자본주의에서 우리는 어떻게 살아야 할지, 자본과 노동의 의미를 살펴봤다.

'5장 부동산 투자, 무엇(what)보다 언제(when)가 중요하다'에서는 한국 부동산 투자 전략을 중점적으로 살폈다. 부동산은 유일하게 사용가치가 있는 투자자산이다. 반면 유동성과 환금성이 크게 낮다. 장점을 취하고 단점을 보완해야 한다. 투자의 기본이다. 부동산은 사용가치가 있기 때문에 레버리지를 최대한 이용해야 한다. 대신에 유동성과 환금성이 떨어지니 무엇보다 언제 사는지가 중요하다. 세상에 부자가 많지 않은 이유는 세상을 투자로 보지 않고 소비하고 구매하는 눈으로 대하기 때문이다. 부동산에 투자할 때에는 어디에 살아야 하는지보다 언제 사야 하는지를 고민해야 한다. 어제를 잊고 미래를 생각하는 사람만이 본질을 꿰뚫어 세상을 볼 수 있다. 지금 살 때인가? 당신의 인내를 묻고 있다.

'6장 주식 투자, 언제(when)보다 무엇(what)에 집중하라'에서는 주식에 투자하는 이들, 투자할 계획이 있는 이들, 투자했다가 손해를 봤던 이들에게 애널리스트로서 반드시 전하고 싶은 전략을 소개한다. 주가가 폭락하면 그때 사야겠다고 다짐을 해보지만 빠지지 않는 주식가격은 사람들을 지치게 만든다. 주식은 사용가치가 없지만 언제든 사고팔 수 있다는 장점이 있다. 주식은 유동성이 높은 투자자산이기 때문에 언제보다 무엇을 고민하는 게 더욱 현명한 투자 방법이다. 성장하는 주식을 꾸준하게 투자하는 전략이 필요하다. 매일 가격이 빠질까봐 아니면 오를까봐 걱정한다면 당신은 절대 주식 투자의 고수가 아니다. 주식 투자는 매일 호가 창을 보며 걱정한다고 해서 성공하지 않는다. 무엇에 집중하고 즐거운 마음으로 투자해야 한다. 언제보다 무엇을 고를 것인지 안목을 길러야 하는 이유다.

'7장 자산의 본질, 시장의 속성'에서는 궁극적으로 부자가 되고 싶은 이들이 반드시 알아야 할 정보를 담았다. 부동산과 주식, 주식과 부동산은 다르지만 같다. 사람들은 투자물의 서로 다른 점을 이야기하지만 투자로 세상을 본다면 강남 아파트와 삼성전자는 다를 게 없다. 투자시장은 수익률과 변화라는 두 단어로 압축할 수 있다. 높은 수익률을 달성하는 것이 목표이고 시장은 항상 변화한다. 기본에 충실하고 변화를 인정한다면 반드시 성공할 수 있다. 당신이 투자해서 성공했든 실패했든 오늘 다시 출발점에 서 있다. 자산의 본질과 시장 속성을 끝까지 잊지 않는다면, 그래서 초연할 수 있다면 진정 부자가 될 수 있다.

ⓢ

현재, 변화, 원칙. 투자할 때 가장 중요하게 생각해야 할 세 가지 키워드다. 기자는 현재를 정확하게 전달하는 직업이다. 편견 없이 객관적이고 검증 가능한 사실을 많은 사람에게 이야기해야 한다. 가치 판단은 나중 일이다. 최경영 기자는 오랫동안 객관적이고 중립적인 저널리즘을 위해 노력해왔다. 사회, 정치뿐만 아니라 경제 분야에서 다양한 탐사 보도를 통해 사실관계를 파악하고 진실에 탐닉해왔다.

경제와 경제를 둘러싼 다양한 변화 요인을 파악하는 최경영 기자의 노력은 투자자들에게 성공하는 투자의 가장 강력한 길을 보여줄 것이다. 진실에 다가가려는 집요한 노력은 투자자들로 하여금 현실을 제대로 인식하도록 돕고, 나아가 그것을 바탕으로 미래를 예측하고 투자 기준을 설정하는 데 강력한 도구가 되어줄 것이다.

애널리스트는 현재를 통해 미래를 예측하는 일을 한다. 단순히 과거나 현재를 설명하는 데 그치지 않고 망망대해를 건너야 하는 투자자들에게 미래를 전망해준다. 이광수 애널리스트는 좌고우면하지 않는 예측을 통해 실패와 성공을 반복했다. 실패를 통해 겸손해지고 성공을 통해 미래 예측과 투자 방법에서 중요한 점을 알아가고 있다.

정확한 현실 인식을 기반으로 한 이광수 애널리스트의 투자 방법은 투자 기준을 달성하는 데 유용한 나침반 역할을 해줄 것이다. 오랫동안 선명한 예측으로 성공과 실패를 쌓아온 경험을 통해 투자자들에게 꼭 필요한 인식의 전환을 꾀할 것이다.

이 책은 저널리스트와 애널리스트가 함께 쓴, 한국에서 처음 시도되는 투자 안내서다. 저널리스트와 애널리스트가 만났으니 현실과 예측이라는 관점에서 투자자들에게 도움이 될 것이다. 투자시장에서 현재 무슨 일이 일어나고 있으며, 왜 그런 일이 발생하는지 아는 것은 매우 중요하다. 반면 정확한 현실 인식을 바탕으로 미래를 예측하고 행동하는 것도 중요하다. 현실과 예측, 예측과 현실은 뗄 수 없는 관계다.

저널리스트와 애널리스트의 투자 이야기는 뜨끔하기도 하고 너무 선명해서 눈이 시릴 수도 있다. 하지만 저자들은 소수의 성취보다 다수의 행복을 목적으로 글을 썼다. 많은 사람이 투자를 통해 성공하고 다른 사람을 도우며 행복해지길 원한다.

투자해야만 살아남을 수 있는 현실은 무겁지만, 투자 자체는 흥미로운 세계다. 돈의 시대를 눈살 찌푸리며 볼 것이 아니라 호기심을 갖고 기회의 눈으로 바라봐야 한다. 자, 이제 저널리스트와 애널리스트와 함께 재미있는 투자 여행을 시작해보자.

차례

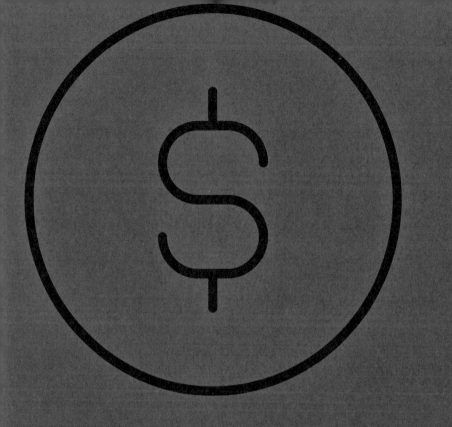

지금 자산시장에서는
무슨 일이
벌어지고 있나

"내 집 내가 새로 짓겠다는데 정부가 왜…?"

"왜 이렇게 세금을 많이 걷을까?"

"세금 많이 걷으려고 정부가 집값을 일부러 방치한 것은 아닌가?"

"왜 집을 팔지도 사지도 못하게 하는가?"

요즘 집 가진 사람들은 집값에 예민하게 반응한다. 당연하다. 거의 전 재산이 걸려 있기 때문이다. 집 없는 사람도 마찬가지다. 급등하는 집값에 마음이 다급해진 무주택자들은 전혀 다른 색깔의 분노를 토로한다.

"왜 이렇게 아파트 가격이 치솟을까?"

"행정가들이 강남에 사니까 집값 오르게 하는 것 아닌가?"

"자기들은 사다리 위에 올라가 있으면서 왜 하필 내가 사려고 하니 사다리를 치워버리지?"

"현금만 들고 집 사는 사람이 어디 있는가?"

"집을 사고 싶어도 대출 규제 때문에 못 산다."

"이러다 계속 집값 오르면 정부가 책임질 것인가?"

1장

왜 세계 경제는
빚으로 굴러갈까

유주택자는 유주택자대로 무주택자는 무주택자대로 화가 난 지금, 정부의 정책을 요약하면 다음과 같다.

공급. 앞으로 3기 신도시 등 가능한 모든 수단을 동원해서 임대주택 지을 테니, 좀 기다려달라.

수요. 앞으로 가격이 안정될 테니 무주택자들은 서둘러 집 사지 말고, 좀 기다려달라.

그래서 대출도 규제하고 보유세도 강화한다. 진입 장벽을 높게 쌓아버리는 것이다. 보통 때라면 먹힐 수 있다. 그러나 지금은 경제 환경 자체가 다르다. 사상 최저 금리, 유동성, 갈 곳 잃은 돈, 양극화, 자산시장의 버블화 현상이 세계적으로 진행되고 있다. 돈은 먹잇감을 찾고 있고, 부동산은 가장 손쉬운 먹잇감이다. 정부 정책은 말하자면 그 먹잇감을 가능한 한 저 높은 곳에 매달아놓겠다는 것. 그러니까 사람들은, 나는 저걸 먹고 싶은데 왜 저렇게 높은 곳에 매달아뒀냐며 껑충껑충 뛰면서 안

간힘을 쓴다.

시장의 심리가 조급하다. 공급은 저 멀리 미래에 있고, 당장의 수요는 (투기 심리에 의한 것이든 실수요든) 아주 가까이에 있다. 정부는 정글 속에서 길을 잃어버린 듯하고, 자산시장은 활활 타오르고 있으며, 급한 사람들은 속옷만 입고 허겁지겁 살길을 찾아 나무에 오르고 있다. 그런데 급하게 오른 이 나무가 결코 안전하지 않다면? 전 재산에다 대출까지 끌어와 샀는데, 결국 떨어진다면? 나무를 제대로 고르려면 먼저 숲을 봐야 한다. 자산시장의 현주소를 파악하는 일이 급선무다. 우선 '가격'이 정해지는 원리부터 살펴보자.

상품의 값

동네 치킨집이 가격을 정하는 기준은 두 가지다. 치킨이나 생맥주 등을 생산하는 비용, 인건비, 상가 임대료 등에 이익을 붙이는 방식 하나, 주변 경쟁 치킨집들의 가격과 비교해서 값을 붙이는 방식 둘이다. 비용과 경쟁력, 이 두 가지 요소를 적당히 고려해서 동네 치킨집은 치킨과 생맥주의 가격을 매긴다.

우리 치킨집은 다른 치킨집보다 브랜드도 전국적이고 가게 인테리어 비용도 많이 들었으니 단 500원이라도 더 받을 수 있다는 합리적 정당성이 치킨집 사장님의 마음속에 있다. 당연한 욕심이다. 남아야 장사를 한다. 그런데 상품이 너무 훌륭해서 경쟁자도 없고 다른 경쟁 상품도 찾아보기 힘든 상황이라면 생산자는 소비자에게 어떻게 가격을 매길까? 이론상 소비자의 모든 고혈을 짜낼 때까지 무한대가 된다. 그러나 모든 소비자의 고혈을 일시에 짜내면 자신 역시 더는 팔 곳이 없어지니 현실에서는 적정한 마진을 붙이게 된다. 그러나 이때의 마진이 다른 일반 기업보다 훨씬 여유로운 건 당연하다. 혁신을 통해 새로운 가치를 창출한 기업만이 가지는 특권이다.

그런데 꼭 새로운 가치를 창출한 기업만이 가격을 마음대로 매길 수 있는 것은 아니다. 가령 전기 수급을 책임지고 있는 한국전력공사는 정부 규제만 없다면 가격을 마음대로 매겨서 높은 수익을 챙길 수 있다. 죽을 고비에 놓인 암 환자들에게 새로 개발한 특효 신약을 공급하는 제약회사도 환자의 재산 대부분을 요구할 수 있다. 이론상으로, 자본주의 원칙으로만 보자면 말이다.

상품이나 서비스의 가격은 결국 그것의 본질적 가치에 달려 있지만, 본질적 가치가 대체 무엇인지는 정확하지 않다. 그래서 시장가격(market price)이 곧 공정가격(fair price)으로 받아들여진다. 많은 사람이 결정한 가격이, 그 사회와 그 시장에서 결정된 가격이 대체로 공정할 것이라는 믿음을 반영한다.

그런데 이 시장이라는 것이 만약 암 치료제 한 알당 환자에게 5,000만 원을 요구하는 시장이라면? 지금 당장 사막 한복판에서 목이 말라 죽을 것 같은 사람에게 생수 한 병당 100만 원을 받는 것이 정당화되는 시장이라면? 독과점 회사들이 담합해서 5만 원짜리 상품을 50만 원에 파는 것이 당연하게 받아들여지는 시장이라면? 이런 시장가격이 공정하다고 할 수 있을까? 공정하지 않다면 시장의 주체인 정부, 기업, 가계는 어떻게 해야 할까?

가격은 기업이 먼저 정하지만, 소비자는 동네 여러 치킨집의 가격을 비교할 수 있고 이 집이 마음에 들지 않으면 다른 집에 가서 먹을 수 있다. 그런데 동네 치킨집이 모두 담합을 해서 치킨과 생맥주 가격을 높인다면, 이것은 공정한 경쟁으로 형성된 공정한 가격일까? 아니다. 그래서 선진국은 대부분 한국의 공정거래위원회와 비슷한 정부 기구를 안전장치로 두고 있다. 정부는 이렇게 시장의 가격에 개입한다. 왜? 시장의 운동장이 기울어져 있으니까. 그대로 가만히 놔두면 기업이 폭리를 취할 수 있으니까. 독과점이나 매점매석의 횡포로부터 소비자, 유권자, 시민을 보호하기 위해서다.

부동산시장도 마찬가지다. 공급은 부족한데 수요는 늘어나는 상황에서, 소비자가 아파트 건축비 원가를 정확히 따지고 건설사 마진율까지 쳐서 평당 건축비를 고시한 뒤 그 가격을 시장가격으로 확정시킬 수 있을까? 소비자는 이런 계산을 할 수 없다. 거대 건설사와 가격을 협상할 능력도 없다. 동네 치킨집 경우와 마찬가지로 가격이 마음에 안 들면 안 사면 그만이고, 기업은 안 팔면 그만이다.

그런데 집은 의식주 가운데 하나다. 인간이 살아가는 기본적인 생필품, 생수 같은 것이다. 한국처럼 산업화와 도시화가 급격히 진행되고 사람들이 직장을 구하기 위해 서울이나 수도

권으로 몰려드는 과정에서 집은 사막 속 생수와 같은 존재였다.

그래서 수요가 늘 넘쳐났다. 수요가 넘쳐나서 공급자인 기업이 시장에서 무소불위의 가격 책정 권한을 갖게 되면 정부는 어떻게 해야 할까? 박정희 정부는 아예 건축비를 지정 고시했다. 이름하여 '행정지도'다. 박정희 정부는 1970년대 행정지도를 통해 아파트 분양가를 '평당 65만 원' 이런 식으로 지정했다. 평당 65만 원이 건설사가 소비자에게 받을 수 있는 최대치다. 독재정권이기 때문에 가능했다고?

1989년 '주택 200만 호 건설'을 기치로 내건 노태우 정부가 도입한 '원가연동제'도 지정고시제에서 기업에 조금 더 자율권을 주었을 뿐, 완전히 기업 멋대로 아파트 분양 가격을 결정하도록 두지 않았다. 원가연동제는 건설사가 땅값을 치르고 나면 정부가 정한 표준건축비를 더해 산정하는 방식이다. 그러니까 일괄적으로 땅값과 건축비를 통해 기업에게 이것만 먹으라고 정부가 정해주던 지정 고시 방식에서, 땅값에서 얼마를 남겨 먹고 건축비에서 얼마를 또다시 남겨 먹도록 수익을 보전해준 것이다.

시행했다가 폐지했다가 다시 시행하는 '분양가상한제'도 박정희 정부의 지정고시제나 노태우 정부의 원가연동제를 시대 상황에 맞게 적절히 변형시켜 최대한 분양가를 낮추려고 한 제도다. 분양가상한제 역시 땅값에 표준건축비를 더한 뒤, 기업들의 적정 마진을 고려해 책정된다. 시행사와 시공사는 미리 사놓은 땅값에서 많이, 건축비를 통해 조금, 친환경 자재를 사용했거나 우수 디자인을 적용했으면 또 약간의 이익을 더 붙여 아파트를 짓고 이를 일반에 분양한다.

이때 건축비도 정부가 다 정하는 것 같지만 건축에 쓰이는 수천 가지의 자재와 물품을 정부가 일일이 조사해서 가격을 지정해줄 수는 없는 노릇이다. 정부는 건설사가 제시하는 자잿값, 물가상승률이 반영된 인건비 등을 넘겨받아 거의 그대로 반영한다. 이것이 아파트의 시장가격이다.

이렇게 정해지는 시장가격은 과연 공정할까? 소비자 입장에서는 정부가 건설사의 이익을 적당히 보장해주는 것처럼 느껴지기도 한다. 특히 선분양을 통해 건설사가 자신들이 부담하는 높은 이자(1군 대형 건설사도 높은 부채비율 때문에 신용등급이 1등급인 직장인보다 더 높은 이자를 은행에 내야 하는 경우가 많다)와 수십억 원짜리 모델하우스 건축 비용, 수천만 원의 모델하우스 임대료까지 모두 일반 분양자에게 대부분 전가하고 있음을 안다면, 분노하지 않을 사람이 없을 것이다.

그래서 우리가 어떤 상품이나 서비스의 시장가격을 말할 때는 해당 시장이 어떤 시장인지가 중요하다. 기업 위주의 독과점 시장인지, 수많은 경쟁을 통해 소비자에게 유리한 시장인지에 따라 자본주의의 색깔도 달라지고, 상품이나 서비스의 가격도 달라진다.

국민건강보험제도가 없는 미국에서 제약회사는 약값을 거의 마음대로 높게 책정할 수 있다. 그러나 우리나라에서 미국처럼 제약사 마음대로 약값을 책정해 암 환자에게 수백만 원을 요

구한다면 폭동이 일어나리라는 건 자명하다. 한국의 국민건강
보험제도 아래에서는 건강보험심사평가원이 약값에 개입하고
이를 당연시하지만, 미국 사람 절반 이상은 이것을 사회주의라
고 믿고 있다.

사람의 값

사람은 어떤가? 사람을 상품, 물건에 비교하는 일은 불쾌하지
만 그래도 현실을 냉정히 묘사하자면 사람은 임금이라는 사람
값으로 가치가 매겨진다고 말할 수밖에 없다. 이것이 자본주의
다. 그렇다면 사람의 노동값, 임금은 어떻게 매겨지는가?

　역시 수요와 공급이다. 사업가는 일할 사람이 많으면 인건
비를 후려칠 것이고, 일할 사람이 귀하면 임금을 올릴 것이다.
중세 유럽에서 흑사병이 창궐해 수천만 명이 죽자 농노들의 품
삯이 높아졌다. 1930년대 미국이 대공황을 극복할 수 있었던
것도 사실 루스벨트 대통령의 뉴딜 정책 때문이 아니라 2차 세
계대전으로 미국인만 40만 명 넘게, 세계적으로는 4,000만 명
넘게 희생된 이후 귀해진 사람값 때문이었다. 사람이 귀해지니
임금이 상승하고, 일자리가 늘어나고, 소비가 진작되어, 생산량
이 증가하는 선순환의 사이클이 한동안 지속된 것이다.

　그렇다면 반대로 2010년 이후부터 2020년 코로나19 대유
행 사태 직전까지 괄목할 만한 경제 성장에도 불구하고 미국 노
동자들의 임금이 크게 상승하지 못하고 양극화가 심화된 이유

는 무엇일까? 양극화는 미국에서만 벌어지는 현상이 아니다. 2017년 말 기준으로 미국, 독일, 영국, 일본, 한국 등 OECD 36개 국가의 명목임금 상승률이 이전 10년 기간에 비해 절반에 지나지 않았다. 최상위 10%의 사람들이 전체 부의 50%를 차지하고, 하위 40%가 가진 부는 불과 3%에 불과하다.

중국이 WTO에 가입한 때가 2001년이다. 인터넷이 북반구 세계에 보편화된 것도 2000년대 이후다. 스마트폰이 보편화되기 시작한 것은 2000년대 중반이고, 세계 최대 인터넷 상거래 업체인 아마존의 주가가 치솟기 시작한 것은 2010년부터다.

세계화(globalization)로 인해 상품뿐만 아니라 사람까지 자유롭게 이동하면서 선진국에 이민 노동자가 많아졌다. 중국에서 만든 상품이 넘쳐나고, 인터넷 가격 비교를 통해 더 싸면서도 질 좋은 상품을 쉽게 구매할 수 있는 환경이 조성됐다. 이 환경이 사람값, 임금을 정체시켰다.

세계화라는 이름으로 상품 교역량이 폭발적으로 증가하고, 중국에서 값싼 물건이 들어와 미국 월마트 매장을 잠식하고, 좀 산다는 나라에는 빈국의 이민 노동자가 많아지니, 선진국 노동자가 노동조합을 유지해서 고용 불안정을 막아보려 해도 그마저 쉽지 않아졌다.

미국의 버락 오바마 전 대통령 부부가 배급을 맡아서 화제가 됐던 다큐멘터리 〈아메리칸 팩토리(American Factory)〉는 '사람값'이 어떻게 하락하는지 그 과정을 시간의 흐름에 따라 담담히 그려나간다. 다큐멘터리 배경은 미국 오하이오주, 미국 GM

에 자동차 유리를 납품하던 미국의 유리공장이 부도나자 이를 중국 후야오라는 회사가 5억 달러에 인수하는 장면에서부터 시작한다.

중국인 경영진이 회사를 인수하면서 미국 공장에도 중국 본사에서 파견된 중국인 노동자들이 와서 일을 한다. 그런데 중국인 노동자들은 저임으로 일하면서도 군대처럼 조직되어 회사 경영진의 지시를 마치 당 간부의 말인 양 따르는 반면, 기존 미국인 노동자들은 게으른 데다가 일도 서툴며 열심히 하지도 않으면서 노동조합을 만들어 임금만 많이 챙기려 한다. 다시 한번 말하지만 이 영화는 중국 사람들이 아니라 미국 사람들이 제작해서 배급한 다큐멘터리다.

그러나 기존 미국 노동자들 입장에서 볼 때 회사를 인수한 중국 기업의 경영진이나 중국 노동자는 군대처럼 조직되어 하루 2교대로 일만 하고, 자기 나라 미국의 땅과 환경을 무책임하게 오염시키고, 노동자의 생명과 안전과 인권을 무시하는 로봇 같은 냉혈한들이다. 그렇다고 이들 미국인 노동자들이 수익을 추구하는 회사의 경영 방침에 도전할 명분은 없다.

노동의 가치는 노동의 값에 의해 주어지고, 다큐멘터리 속 미국 노동자들이 처한 선택은 하나다. 자신들보다 훨씬 성실한 중국인 노동자와 경쟁하는 일뿐이다. 싫다면 그들이 회사를 나가야 한다. 미국에서 공장을 인수한 중국 경영진은 미국 시장에서 수익이 나는 한 그들의 방식대로 공장을 유지해나갈 것이다. 다큐멘터리에 등장하는 미국 오하이오주의 지역 정치인들도 외자 유치에 환영했고, 그나마 미국 노동자들의 고용이 유지되자 고마워했다. 사람값이 싸더라도 고용이 유지되는 것, 경제가 돌아가는 것, 그래서 유권자가 자신의 재선을 지지하는 것이 좋지, 공장이 문을 닫고 실업자가 넘쳐나는 것을 바랄 정치인은 없다.

가난한 나라에서 부자 나라로 노동력이 몰려들면서 한국 뉴스 보도에서도 가끔 목도되는 상황이 중동 카타르에서도 벌어졌다. 2022년 월드컵을 앞둔 카타르 도하에서는 지체된 월드컵 경기장 준공을 앞당기면서도 인건비를 절감하기 위해 대부분의 현장 노동자를 네팔 등지에서 '수입'했다.

월드컵 조직위원회가 발주한 관급 공사는 하청이나 재하청을 통해 노동 환경이 열악한 중소기업에 나눠졌고, 해외로 나가 돈 벌어서 네팔 고국 현지의 가족들 먹여 살릴 요량으로 국제 고용된 네팔 출신 노동자들은 그런 카타르의 중소기업에서 일하다가 임금도 제대로 받지 못했다. 월드컵 경기장 공사를 하다가 다친 이주 노동자가 수두룩했는데 그들에게 카타르 정부나 기업이 산업재해보상 등을 해주지는 않았다.

월드컵 경기장 신축 과정에서 이틀에 한 명씩 네팔 노동자들이 죽기도 했다. 네팔 정부 집계에 따르면 2012~2017년 사이 최소 1,025명의 자국 노동자가 카타르에서 사망했다. 그런데도 여전히 기회가 있다면 '돈 좀 있는 나라'에 몰려드는 빈국 노동자의 행렬은 줄어들지 않는다.

유럽과 지중해를 사이에 두고 마주 보고 있는 아프리카인들은 가난, 독재, 종족 분쟁 등을 피해 목숨을 걸고 지중해를 건넌다. 열 명도 타기 힘든 고무보트에 수십 명의 아프리카 난민이 짐짝처럼 포개져 나침반 하나 없이 대양을 떠돈다. 이 난민 보트를 타기 위해 이들이 내야 하는 몸값은 1인당 200~300유로, 한화 30만~40만 원이다.

그중 상당수가 바다를 건너다가 사고로 조난을 당해 시신도 수습할 수 없지만, 유럽에 가야 제대로 된 삶을 다시 시작할 수 있다고 믿는 아프리카인들로 고무보트는 늘 터질 듯 만석이다. 덕분에 불법 이민을 조장해서 돈을 버는 국제 마피아 조직이 번성했다. 국제 마피아 조직은 지중해를 넘어 유럽으로 가고 싶어 하는 아프리카 난민을 대기시킨 뒤, 조그마한 고무보트 하나를 알선하고 그들의 피 같은 돈을 받아 망망대해로 떠민다.

일인당 한화 30만~40만 원을 받고 지중해를 떠돌다가 스페인 해경 등에 구조되면 다행히 유럽 땅을 밟아보기라도 하지만, 며칠 동안 떠돌다 조난을 당하면 시체도 수습하지 못한다. 이렇게라도 유럽으로 불법 이민을 감행하겠다는 아프리카인을 상대로 마피아 조직이 한 해 동안 벌어들이는 돈이 10조 원으로 추산된다. 1인당 30만~40만 원. 한 해 10조 원. 그중 상당수는 조난으로 사망. 끔찍한 현실이다.

더구나 코로나19 대유행으로 노동시장이 디지털화되면서 이제 더는 사람이 물리적으로 국경을 넘어 공간 이동을 할 필요가 없어졌다. 미국 콜센터 직원은 영어 소통이 가능한 인도 여성으로 대체된 지 오래고, 회계와 프로그램, 앱 개발 등의 업무도 세계화의 이름으로 세계화되고 있다. 기존 일자리는 줄어들고 임금은 정체되지만, 임금 경쟁자들은 국경 안뿐만 아니라 국경 밖에도 있으니 이른바 '돈 좀 있는 나라'의 일반 직장인이 자신의 가치를 제대로 평가받기는 갈수록 불가능해진다고 봐야 한다.

2018년 말 기준, 한국 내 체류하는 외국인의 숫자는 236만 7,600명. 법무부 추산이니 불법 체류자는 빠진 숫자다. 2021년 말이면 300만 명을 넘어설 것으로 전망된다. 2000년 49만 명에서 만 20년 만에 여섯 배 정도로 폭증했다.

반면 지난해 고영선 한국개발연구원(KDI) 국제협력개발센터 소장에 따르면 한국의 중위 실질임금 상승률은 1980년 이후 25년 동안 9.2% 올랐고, 1995년부터 2007년까지는 4%, 2008년부터 2016년까지는 1.1%로 급락했다고 한다. 지금 이른바 '돈 좀 있는 나라'에서 공통적으로 벌어지고 있는 반세계화, 반이민, 반중 감정이 확산하는 배경에는 수십 년 동안 진행된 세계화, 인터넷, 늘 비교 가능한 가격, 해외 직구, 세계의 공장 중국이 만들어낸 '사람값'의 추락 등이 자리하고 있다.

돈의 값

기이한 것은 돈값이다. 상품도 임금도 돈으로 지불한다. 돈값은 그래서 매우 중요하다. 아무리 열심히 일해도 한 달 동안 물가가 폭등하고 돈값이 떨어져서 내 월급으로는 빵 몇 조각 사기도 힘들어지면 사람값인 임금이 저절로 하락한다. 수천, 수만 퍼센트의 인플레이션이 단기간에 발생했던 베네수엘라가 그랬다. 국내에서 돈의 값어치는 인플레이션 등에 따라 결정된다.

국제적으로 돈의 값어치를 결정하는 것은 환율이다. 국가마다 쓰는 돈이 다르다. 한국 돈은 원화, 중국 돈은 위안화, 미국 돈은 달러, 일본은 엔화, 유럽은 유로를 쓴다. 각 나라의 화폐를 교환하려면 각 나라의 돈의 가치가 결정되어야 한다. 미국 돈 1달러에 한국 돈 1,200원이라는 말은 곧 미국 돈의 가치가 한국 돈보다 열두 배쯤 높다는 뜻이 된다. 미국의 국내총생산(이하 GDP)이 21조 달러, 한국이 1조 6,000억 달러라고 치면 두 나라의 경제 규모는 열세 배쯤 차이 나니 돈의 교환 비율이 적당하다고 볼 수 있을까?

그런데 곰곰이 생각해보면 좀 억울한 측면이 있다. 한국은 열심히 땀 흘려 일해서 돈을 버는데 미국은 돈으로 돈을 버는 것 같으니 말이다. 다큐멘터리 〈아메리칸 팩토리〉에서도 미국인 영화감독이 스스로 자신들을 그렇게 묘사했듯이, 미국의 일반 노동자가 한국이나 중국의 노동자만큼 땀 흘려 열심히 일하는 것 같지는 않다. 게다가 한국은 거의 매해 무역수지가 흑자인데 미국의 무역수지는 만성 적자다.

미국 소비자들은 플라스틱 생활용품을 물 쓰듯이 쓰며 그동안 지구 환경을 가장 오염시켜왔다고 볼 수 있는데, 여전히 대다수가 쓰레기 분리수거도 스스로 하지 않고 있다. 그런데도 뉴욕의 하늘은 서울보다 청정하고 미국 국민은 외견상 무엇이든 풍족해 보인다. 적어도 코로나19 사태가 발생하기 전까지는 그래 보였다. 왜 그럴까? 미국 돈, 달러 때문이다.

달러

현재 전 세계에서 나라마다 돈값을 결정하는 기준점은 달러다. 미국은 달러로 세계시장을 적절히 통제한다. 중국과 한국이 무역 거래를 해도 달러로 결제하고, 미국이 북한이나 이란을 제재할 때 가장 쉽게 압박하고 고통을 주는 방법도 이들 나라가 해외에서 달러로 결제하는 것을 막아버리면 된다. 달러를 주고받기 힘들면 거래 자체가 이뤄지지 않는 경우가 많다.

　세계시장 거래에서 거의 90퍼센트가 달러로 이뤄지고 있다. 이 말은 곧 사람들이 대부분 달러로 자신들의 물건값이나 임금을 받기를 원한다는 뜻이다. 달러에 자신들의 통화를 연계하고 그것으로 자신들 화폐의 기준점으로 삼는 나라도 60%에 이른다. 1950년대에는 달러가 자신들 화폐의 주요 기준점이었던 나라가 불과 30%에 불과했다.

　1950년대와 지금은 많이 달라졌다. 그때는 냉전 상태가 있었고, 중국이 아직 세계 경제에 엮이지 않은, 세계 거의 모든 나라가 WTO 체제 아래 무역으로 상호 연결되기 전이었다. 미국 GDP가 세계 경제에서 차지하는 비중은 50년대에 비해 반토막 났을지 몰라도, 미국 달러의 보편성은 산술적으로 증가폭도 계산되지 않을 만큼 위세를 넓혔다.

이런 달러의 위세는 위기 때마다 더 두드러진다. 경제위기가 닥치면 각국의 중앙은행이 미국 달러를 원한다. 한국은행 잔고에 들어 있는 해외 통화 예금 중 60% 이상이 달러인데 정부는 혹시 몰라 통화스와프를 체결해 미국 달러 부족에 대비한다.

미국의 재무부는 이것을 마치 시혜를 베풀 듯이 한다. 경제위기가 미국에서 터졌고, 그런 경제위기 때문에 달러를 거의 무한정 찍어내는데도 달러에 대한 국제 수요가 폭증한다. 2009년에도 그랬고, 2020년 코로나19 유행 때도 마찬가지다. 결국 상대적으로 미국 달러와 미국 재무부 채권이 가장 안전하고, 미국이 그래도 가장 마지막에 망할 것이라는 보편적 믿음 때문이다. 이런 보편적 믿음을 만든 것이 보편적인 화폐, 달러다.

16세기 중반 이후 포르투갈, 스페인, 네덜란드, 프랑스, 영국 등이 세계 무역을 통해 자신들 나라의 화폐를 통용시켰지만, 그 범위는 지금의 달러와 비교하면 조족지혈, 새 발의 피였다. 사이즈가 달라졌다. 규모는 중요하다(Size does matter). 양이 커져서 어떤 임계점을 넘어서면 질적 변환이 이뤄지기 때문이다. 글로벌시장 거래의 90%가 달러로 이뤄진다는 사실은 현재로선 세계 경제가 달러로부터 도저히 도망칠 수 없다는 뜻이다.

달러의 제국

그런 달러를 누가 조이고 풀 수 있는가? 미국의 중앙은행 연방준비제도이사회(FRB)다. 미국 연준의 움직임, 방향이 세계 각국 은행의 지침이다. 우리나라도 거의 예외 없이 미국 연준의 통화정책을 따르기 때문에 금리를 인하하면 우리도 인하하고 인상하면 우리도 인상한다. 한두 번 정도 일탈적 사례를 제외하고 한국은행이 전체 흐름에서 미국 연준을 거역하거나 거스른 적은 없다. 약간의 자율성, 금리 인상이나 인하의 속도, 시차 정도가 한국은행의 독립성 수준이다. 각국 은행이 자국 정부로부터 독립성은 지켜나가고 있는지 모르나, 미국 연준으로부터 독립성은 지키기 어려운 상황이다.

정치권도 마찬가지다. 아무리 트럼프 대통령에 대한 신뢰가 세계적으로 바닥을 치고 있다고 해도, 만약 트럼프 대통령이 나서서 미국 국민 전체에게 긴급 재난지원금을 지급할 것이라는 계획을 직접 발표하지 않았다면 한국에서 그토록 빠른 속도로 긴급 재난지원금 논의가 원활히 진행될 수 있었을까?

지난 3월 초까지만 해도 코로나19로 인한 정부의 추경 제안을 비판하던 야당의 황교안 전 대표는 "추경이 만능이 아니라면서 주 52시간제를 예외적으로 허용"하라고 촉구했다. 코로나19 전염병으로 기업과 자영업자가 문을 닫고 일자리를 잃는 상황에서 노동자가 더 일할 수 있도록 예외적인 허용을 하라는 이 맥락 없는 정치 공세는, 그러나 3월 17일 이후 자취를 감춘다. 3월 17일 미국 트럼프 행정부의 긴급 재난지원금 1,000달러 지급 발표가 있었기 때문이다. 그러고는 김종인 비대위원장마저 사회주의 냄새가 물씬 풍기는 전 국민 기본소득 논의를 제안한다.

이 일련의 흐름은 돈이라는 물질의 배급과 그 물질적 배급을 결정하는 정신적 판단 기준, 준거틀도 태평양 너머 워싱턴의 말 한마디에 왔다 갔다 할 수 있음을 보여준다. 짧은 시기에 극명한 대비를 보인 야당만 미국을 추종하는 경향성을 띠는 것이 아니다. 이는 한국의 여야나 지식인만의 문제라기보다는 오랫동안 전 세계적 흐름이 되어왔다.

특히나 2010년대 이후 미국 경제성장률을 떠받쳤던 '팡' 기업(FAANG, Facebook, Amazon, Apple, Netflix, Google)의 등장은 민간 부문에까지 이런 경향성을 가속화하고 있다. 전 세계 포털의 68%를 장악하고 있는 구글, 구글이 소유하고 있는 유튜브, 전 세계 SNS의 최대 강자 페이스북, 세계에서 가장 보편적인 온라인 상거래 업체 아마존, 아이폰과 맥 컴퓨터로 대표되는 애플, 콘텐츠 스트리밍 서비스를 장악해나가는 넷플릭스를 통해 사람들은 자신의 생각, 위치, 취향, 인종, 나이, 구매 패턴 등을 흘리고 있다. 그러면 이들 기업은 이를 데이터로 집적하고, 집적된 데이터에 따라 다시 소비자들에게 맞춤형 상품이나 서비스를, 그들이 원하는 시간대에, 그들이 원하는 지리적 위치에서 등장시킨다.

너무나 편리하다. 이렇게 되면 각자에게 최적화된 디지털 환경에서 각각의 소비자들은 자신들이 선호하는 일종의 방 안으로 들어가서, 자신들과 비슷한 정치적 견해를 피력하는 유튜브를 통해 뉴스를 접하고, 취미 생활을 하며, 요즘 자주 듣는 음악이 자동 생성되는 신기한 경험을 통해 자신이 선호하는 음악

만을 반복적으로 듣게 된다.

기업 입장에서는 벌통을 만들어놓자 벌들이 스스로 들어와 자발적으로 꿀을 만들어주면서 좀처럼 벌통을 떠나지 않는 이른바 자물쇠 효과(Lock-in)가 발생한 셈이다. 한번 빠져들면 나오지 못하고, 거기서 계속 시간과 돈과 쓰게 되니 얼마나 편안한 장사가 되겠는가 말이다. 소수 과점 기업이 고객을 자발적으로 방 안에 가둬놓을 수 있고, 고객은 그렇게 갇혀 있는 상황이 너무나 편안한 상태라면 과점 기업이 얻을 수 있는 장기적 수익은 상상을 초월하게 된다.

디지털 세계에 나타나는 사람들의 이런 경향성 덕분에 미국 주식시장에서 이들 팡 기업의 주가는 지난 10년 동안 크게 상승했다. 500개 대형기업의 주식 지수를 알려주는 S&P500지수에서 이들 팡 기업의 비중은 20%를 넘는다. 미국 100년 자본주의 역사에서도 보기 드문 현상이다. 이렇게 2010년대 이후 미국의 글로벌 IT 플랫폼 기업들이 약진하면서 오늘날 세계에서 시가 총액이 가장 큰 기업 10개 중 7개가 미국 기업이다. 10년 전에는 불과 3개였는데 말이다.

보자. 미국 기업이 세계 상거래의 90%를 장악하고 있다. 경제위기만 발생하면 각국이 달러를 요청한다. 디지털 플랫폼 기업들이 전 세계 시장을 장악했다. 오죽하면 유럽에서 '구글세'를 논의하겠는가? 그런데 코로나19로 시장의 디지털 온라인화 경향은 더욱 가속화될 수밖에 없다.

중국은 G2로 떠올랐다고는 하지만 아직 금융시장을 완전히 개방한 적이 없는, 분식회계가 만연해 있을 공산당 독재의 나라다. 중국 위안화가 미국 달러처럼 보편적 통화의 위치에 올라서는 일은 단지 그들의 꿈일 뿐이다. 그렇다고 지금 당장 유로화나 엔화가 미국 달러를 대체할 가능성은 제로다. 유럽은 유로존 내 남부 유럽의 경제적 곤궁과 독일의 탁월함 사이에서 자체 균형점을 찾기도 힘든 상황이고, 일본은 세계 경제에서 지분이 급격히 줄어들고 있는 노쇠한 국가다.

그래서 달러는 상대적으로 여전히 가장 안전하다. 북한 사람들마저도 자국 화폐보다 달러를 찾는다. 달러를 찾는 수요가 많다 보니 암시장에서 거래되는 달러의 값어치가 북한 정부가 정해놓은 공식 환율보다 80배나 높다는 보도도 있었다. 5년 전 로이터 통신은 북한의 공식 환율이 미화 1달러당 105원이지만 실제 암시장에서는 달러당 약 8,400원이라고 보도한 바 있다. 북한은 자신들의 철천지원수가 미국이라지만, 북한 주민이 가장 애정하는 돈은 미국 달러다.

미국에게 중국은 오래전부터 두려움의 대상이었다. 영화 〈위대한 개츠비〉에서 개츠비의 연적으로 나오는 톰 뷰캐넌의 대사는 역사적 사실에 근거한다. 1920년대 미국 대저택에서 상류층 백인은 흑인의 시중을 받으면서 이런 대화를 나눈다.

"문명은 거덜나는 중이야. 나는 요즘 매사 심각하게 비관하고 있어. 고다드라는 작자가 쓴《유색인 제국의 대두》라는 책 읽어봤어. 그 책에서 하는 말이 우리가 경계하지 않으면 백인종이 완전히 전멸하고 말 거라는 거야. 다 증명된 과학적 내용이야."

이 대화에 나타난 유색인종에 대한 두려움, 이것이 1920년대 미국인들의 보편적인 생각이었다. 그래서 미국은 1924년 '국적기원법(National Origin Acts)'이라는 이민법까지 제정한다. 백인 그것도 북유럽, 앵글로색슨 지역의 백인들 위주로 인종별 쿼터를 둬서 이민을 받겠다는 법이었다. 북유럽이나 앵글로색슨 지역의 백인이 폴란드, 슬로바키아, 유대인의 백인보다도 우생학적으로 우월하다고 믿었기 때문에 가능한 법이었다.

같은 백인들 가운데도 서열을 두었으니 흑인이나 유색인종에 대한 편견은 오죽했겠는가? 1920년대 미국 백인들의 이런 왜곡된 편견에서 탄생한 이민법과 대서양 너머 1930년대 독일 아리안족의 우월성을 철석같이 믿었던 독일 나치의 광기는 두 대륙이 낳은 이란성 쌍둥이였던 것이다.

이렇게 선택적 이민만을 받아들인 탓에 미국은 1960년 인구의 89%를 백인으로만 유지하는 상대적 '순결성'을 유지할 수 있었다. 1924년 이민법이 개정된 것은 미국에서 가장 진보적인 시대, 케네디 대통령의 집권기인 1965년이었다. 당시 미국 국회는 좀 더 다양한 인종에게 문호를 개방하지만, 1965년의 개정 이민법조차도 진보와 보수의 타협적 산물에 불과했다는 비판을 받는다. 당시 이민법 개정안을 주도했던 이매뉴얼 셀러(Emanuel Celler) 의원조차도 이민법 개정안이 갑작스러운 인종 변화를 초래하지 않을 것이라는 점을 강조할 정도였다. 백인 위주의 배타적 국가가 평균적인 미국 백인들의 속마음이었던 것이다.

골든 크로스

4년 전 트럼프 대통령이 등장함으로써 세계인들의 이목을 다시 집중시킨 미국의 백인 우월주의와 배타성은 이렇게 오랜 역사성을 내재하고 있다. 오래된 편견이 경제적 곤궁과 맞닿으면 사람들은 배타적 지도자를 선호한다. 1930년대 독일 아리안족에게는 히틀러가 우상이었고, 2016년 미국 대선 당시 백인 우월주의자들에게는 부동산 재벌 출신의 트럼프가 스타였다.

여기서 잠깐 2016년 트럼프가 백인 '티파티(Tea Party)' 운동으로 깜짝 승리하기 이전을 복기해보자. 2008~2009년 금융위기가 발생하면서 미국인들은 경제적 위기에 봉착했다. 이러다가 진짜 미국이 망하는 것 아닌가 하는 공포가 세계 경제를 짓누를 정도였다. 서민들의 집을 담보로 대출을 해줬던, 우리로 따지면 주택금융공사가 망하기 일보 직전까지 갔었다.

당시 미국 대통령 오바마는 국난을 극복하고 미국의 보험제도를 개혁하려 했지만, 미국 백인들 상당수가 오바마 대통령을 원숭이로 비유한 캐리커처를 그려가며 그를 공산주의자, 사회주의자라고 비난했다. 독일 나치 아리안족이 가장 싫어했던 것도 유대인과 공산주의자였다.

그러나 강한 척, 우월한 척 남을 무시하는 사람들의 마음속에 자리한 것은 사실 두려움이었다. 트럼프에게 몰표를 던진 미국 백인 노동자들이 느낀 공포, 두려움의 실체는 직장을 잃고 경제적 곤궁에 빠지게 될지도 모른다는 불안감이었다.

그 심리를 정치적으로 잘 이용한 이가 트럼프였다. 경제적으로 힘들어진 미국, 일자리를 잃게 된 백인 중하층 노동자들,

중국이 미국을 추월할지 모른다는 역사적 황화론에다 백인 유권자가 전체 유권자의 60%를 차지하는 인구 구조가 조합된 산물이 바로 트럼프 당선이었다. 역사상 유례를 찾아보기 힘든 무식하고 속물적인 미국의 대통령. 이렇듯 달러의 제국 미국도 모순투성이 역사를 안고 뒤뚱뒤뚱 걸어가고 있다.

제국의 민낯

미국은 1960년대 흑인 인권 운동으로 달라진 것처럼 보였지만 실은 그렇지 않았다. 1990년대 초까지도 미국 몇몇 주의 술집 가게는 유색인종이 다니는 문과 백인이 다니는 문이 달랐다. 지금도 흑인이 사는 지역, 백인이 사는 지역이 명확히 구분되는 도시가 대부분이다. 백인들은 주로 북부 지역 윗동네에 살고, 흑인들은 남부 지역 아랫동네에 산다. 공교롭게도 영어에서 "남쪽으로 간다(go south)"의 중의적 의미는 "경제적 내리막길(go downhill)"을 뜻한다.

전 세계에서 유입되는 돈은 미국 내에 한 번도 골고루 퍼진 적이 없다. 특정 기업, 소수 계층에만 집중됐고, 그 소수 계층의 대다수는 백인이었다. 코로나19 사태 후 촉발된 미국의 흑백 갈등도 단순히 조지 플로이드 사망 사건(미국 미네소타주 백인 경찰관 데릭 쇼빈이 흑인 조지 플로이드를 체포하는 과정에서 플로이드의 목을 무릎으로 8분 46초간 짓눌러 사망에 이르게 한 사건)에 대한 사회적 공분 때문만이 아니었다. 경제적 어려움으로 이미 많은 흑인이 "숨을 쉴 수 없었다(I can't breathe)".

조지 플로이드 사건 이후 맨해튼 대로에 새겨진 "흑인의 삶도 중요하다(Black Lives Matter)"라는 구호는 흑인들의 곤궁한 경제적 현실에 기반한 것이다. 흑인 입장에서 돌이켜 미국 역사를 생각해보면 흑인들이 느끼는 차별, 억울함은 당연한 것이다.

아프리카계 미국인은 300년 전 노예 '쿤타킨테'처럼 아프리카에서 강제로 노예선에 태워져 아메리카 대륙에 끌려온 사람들의 후손이다. 남북전쟁이 끝나고 북부군이 승리하면서 미국에서 노예들이 해방된 것이 1800년대 중반. 당시 이들 아프리카계 미국인 숫자는 400만 명에 이르렀다. 그러나 이들이 노예 신분에서 해방됐다고 해서 갑자기 이들의 경제적 상황이 달라질 리는 없었다. 노예가 무엇을 가졌겠는가? 그들은 자유를 얻었지만 빵도 얻어야 했다. 노예와 같은 노동이 계속됐다.

남부 대부분의 주에서는 해방된 노예들에게 새로운 법(Black Codes)을 제정해 이들의 노동력을 착취했다. 농장주와 자유민이 된 흑인들 사이의 노동 계약은 1년 단위로 이뤄졌고, 계약을 거부한 흑인들은 체포되거나 벌금을 물었으며 강제 노역형을 당했다. 경제적으로는 이전 노예들과 똑같은 삶을 살았다.

미국의 전설적인 탐사보도 기자 에드워드 머로(Edward Murrow)가 〈창피한 수확(Harvest of Shame)〉이라는 다큐멘터리를 CBS에서 방송했을 때가 1960년. 그는 이 방송을 통해 당시 농장에서 일하는 흑인 노동자들의 삶이 100년 전 노예들과 별반 다를 바가 없다는 사실을 폭로했다. 미국 링컨 대통령이 흑인 노예들의 해방을 선언한 것이 1863년이었는데 말이다.

　노예 신분에서 해방되고 100년이 흘러도 노예와 같은 삶을 해야 했던 흑인들, 그들의 삶이 60년 뒤인 2020년에 급격히 개선됐을 리는 만무하다. 흑인들 대부분은 가난하고 도시의 특정 지역에 모여 산다. 흑인들이 사는 지역의 개발은 상대적으로 더디고, 주정부의 예산도 백인 밀집 지역에 비해 현저히 떨어진다. 백인과 똑같은 나이에 똑같은 직업, 똑같은 연봉을 받고 있다고 해도 미국의 시중 은행은 관행적으로 흑인들에 대한 대출을 꺼린다.

　경제적으로 윤택할 기회, 교육받을 기회를 오랜 기간 잃어버린 흑인과 그들의 주인 노릇을 했던 백인의 소득 격차는 좀처럼 좁혀지지 않는다. 미국에서 영향력이 큰 싱크탱크 브루킹스 연구소에 따르면 하위 20% 계층에서 태어난 흑인 51%는 40세가 되어도 최하위층에서 벗어나지 못하는 반면, 같은 처지의 백인은 23%만이 하위 20%에 머문다.

　자산 격차는 늘 열 배 수준을 유지했다. 1968년 백인 중산층의 평균 자산은 7만 768달러, 흑인 중산층은 6,674달러였고, 2016년 백인 중산층은 14만 9,703달러, 흑인은 1만 3,024달러에 지나지 않았다. 1968년에도 백인은 흑인보다 열 배 조금 넘게 많이 가졌고 이는 2016년에도 마찬가지였다. 흑인 가정 44%만이 집을 소유했다면 백인 가정은 소유율이 74%나 된다. 뉴욕대학교 에드워드 울프 교수에 따르면 흑인 인구의 37%, 그러니까 열 명 중 네 명의 순자산이 0원이거나 마이너스인 상태다. 빚이나 사회적 부조를 통해 살아간다는 뜻이다.

그런데 코로나19가 덮쳤다. 코로나19로 인해 가장 큰 타격을 받은 업종은 호텔, 식당, 대형 쇼핑몰 등 서비스 업종이다. 흑인들의 상당수가 이런 단순 서비스 업종에 종사하는 반면, 미국 인구의 60%를 점하는 백인들 다수는 '컴퓨터 앞에서 일하는 직업'을 가졌다. 누가 더 빨리 직장을 잃었을지, 어느 인종이 더 큰 경제적 타격을 받았을지는 불문가지다.

오랜 인종 차별의 역사, 경제적으로 취약한 계층에게 더 가혹한 전염병, 조지 플로이드 사망 사건이 미국 사회에 내재된 공분을 불러일으켰지만 그렇다고 앞으로 이런 인종 간 경제적 격차가 단숨에 해결될 가능성은 없어 보인다. 과거의 역사는 오늘을 살아가는 사람들의 발목에 달린 무거운 모래주머니와 같다. 절대로 떨어지지 않는….

빚의 제국과 조무래기들

코로나19가 유행하면서 급격히 늘어난 미국 기업의 빚은 현재 미국 GDP의 80%에 육박한다. 액수로 따지면 대략 17조 달러, 우리 원화 가치로 환산하면 2경 정도의 액수다. 게다가 도이체방크에 따르면 미국 주식시장에서 상장 거래되는 기업들 5개 중 하나가 한계기업(이자보상배율이 연속 3년 이상 1 미만이면서 업력이 10년 이상인 기업)이다. 한 해 영업이익으로 이자도 못 갚는 좀비 기업들이다. 5개 중 하나면 이런 기업들이 미국 상장사의

20%나 된다는 말이다.

놀랍다. 무엇보다 이 수치는 2013년보다 두 배 더 악화된 것이다. 더 놀라운 것은 지난 2009년부터 2019년까지 미국의 경제는 10년 넘게 일본이나 유럽연합 등 서방 선진국 경제권보다 두 배 이상 성장해왔다는 점이다. 결국 10년 동안 미국의 호황, 경제 성장의 과실이 특정 소수의 대기업, 부자들에게 집중되었다는 뜻이다. 성장의 과실은 앞서 말한 팡 기업과 같은 극소수 거대 IT 플랫폼 기업에 집중됐다.

그렇다면 자본주의 원칙에 철저하다는 미국 같은 나라에서 왜 이런 한계기업들을 계속 연명시키는 것일까? 미국이 우리에게 가르쳐준 자본주의 원칙이라는 것은 무엇인가? 적자생존이다. 시장이라는 보이지 않는 손에 의해 죽어야 할 기업은 퇴출하고 살 만한 기업만 살려서, 투자가 효율화되고 생산력이 높아지면 자연히 고용도 살아나고 소비도 촉진되어 선순환의 경기 사이클로 접어들게 되니, 정부는 시장에 개입하지 말라는 것이 아니었던가? 이것이 우리가 1997년 외환 위기 시절, IMF와 같은 국제기구 그리고 미국 재무부로부터 듣고 따른 조언이 아니었던가?

또한 이것은 1980년대 이후 수십 년 동안 전 세계를 풍미했던 신자유주의의 원칙이기도 했다. 1981년 신자유주의 대부라고 할 수 있는 미국 레이건 대통령은 자신의 취임사에서 정부가 해야 할 일을 명시했다. 연방정부 지출을 줄이고, 규제를 철폐하며, 소득세를 삭감해서 작은 정부를 지향할 것. 레이건 대통령은 미국 경제가 처한 어려움의 근본 원인이 시장의 문제가 아니라 시장에 개입하는 정부에 문제가 있었다고 설파했고, 그의 이런 생각은 전 세계 자본주의에 도덕적 규범처럼 여겨졌다. 기업을 구제하고, 지원금을 보조하며, 재정 지출을 일으키는 큰 정부는 거악 그 자체였다.

그러나 미국은 레이건 대통령이 전 세계에 통용시킨 신자유주의적 가치관대로 행동하지 않았다. 2008~2009년 미국 금융위기 때도 미 정부는 리먼브라더스를 파산시켰지만 뱅크오브아메리카를 구제금융으로 살려줬고, 우리로 치면 주택금융공사와 같은 기관인 페니메와 프레디맥이 안고 있던 거대한 빚도 탕감해주거나 유예해줬다. 기업, 개인의 빚도 탕감하거나 유예했다. '모럴 해저드(도덕적 해이)'의 극치였다. 정부에게 받은 돈을 가지고 퇴직하는 CEO들에게 수백억 원의 퇴직금을 지급하는 몰염치한 기업까지 등장했다.

돈이 부족하면 빚을 냈다. 빚은 새로운 빚을 통해 조달했다. 필요하면 돈을 찍었고, 찍은 돈으로 기업들 빚 일부를 또 탕감해주거나 유예해줬다. 위기가 터져 연방정부가 금리를 낮추고 돈을 풀 때마다 기업들은 낮아진 금리를 이용해 자금을 새로 조달했고, 낮아진 이자 비용으로 좀 살 만해지면 남은 돈, 잉여금이라면서 주주들에게 거대한 배당금을 지급하거나 CEO들에게 또 수백억 원의 연봉을 지불했다.

원칙이 한 번 무너지니 기준도 애매해지기 시작했다. 어차피 다 빚내서 기업도, 가계도, 정부도 연명하는 상황이다. 누구에게 얼마나 가야 윤리적 비판으로부터 자유로울지도 모호하다. 우리가 믿었던 자본주의에 따르면 정부의 세금은 아무에게도 가지 않고 각자 현재 상태에서 경쟁을 통해 생존해야 한다. 그러나 그럴 수는 없다. 원래 정부가 전혀 개입하지 않는 자본주의는 존재한 적이 없기 때문이다. 가만히 두면 다 망할 것이 자명하고, 망하는 사람은 모두 유권자인데 어떤 정치인이 이를 가만히 두겠는가?

그렇다면 친인척 연고주의나 정치 로비스트에게서 자유로워야 재정을 독립적이고 효율적으로 집행할 수 있을 것이다. 하지만 지금 코로나19 사태를 맞이한 미국의 대통령은 트럼프다. 중소기업, 자영업자를 구제하라는 돈(PPP, Paycheck Protection Program: 비상시 세금으로 중소기업 노동자의 월급을 보전해주는 연방정부 프로그램)을 가지고 트럼프 행정부는 골프장이나 리조트, 기업 CEO가 타는 프라이비트 제트기 회사, 심지어는 국회의원이 운영하는 목장, 트럼프 대통령의 사위가 관계하는 회사나 그의 절친한 친구 회사들까지 두루두루 도와줬다. 도덕적 비난이 쏟아졌지만 법적으로는 모두 합법이었다.

이렇게 빚내서 돈을 막 쏟아부은 결과 올 연말 미국 정부 부채는 GDP의 150%에 육박하게 될 것이라는 추정까지 나오고 있다. 역사상 미국 정부의 빚이 가장 많았던 2차 세계대전 직후 GDP 대비 120%를 뛰어넘을 것이 확실해 보인다. 사상 최대치다.

미국만 그런 것이 아니다. 전 세계가 다 빚으로 버티고 있다. GDP 대비 정부 부채가 250%가 넘는 일본은 마이너스 금리를 유지하면서 중앙은행이 빚을 내 회사채나 주식 ETF를 사주면서 경제를 떠받치고 있고, 유럽도 중국도 한국도 정부의 빚으로 성장률의 일정 부분을 커버하고 있다. 이제 미국을 포함해 세계 어떤 선진국도 정부가 빚을 내 효율적으로 돈을 집행해야 한다고 말한다. 정부는 위기 상황에도 개입하지 말고 시장에만 맡겨 철저한 구조조정을 통해 기업과 가계가 거듭나게 하는 것이야말로 진정한 자본주의라고 주장하는 목소리는 극소수로 전락했다.

이제는 성장을 위해서가 아니라 국가 경제를 유지하기 위해서 정부도, 기업도, 가계도 빚에 의존하고 있다. 빚 중독이다. 왜 이렇게 됐는가? 누구는 자본주의의 모순이라고 말할 것이고, 누구는 중국의 과잉 공급 때문이라고 말할 것이며, 누구는 인터넷 기술혁명의 필연적 결과라고 말할 것이다. 중요한 것은 이런 현상이 앞으로도 계속될 것이냐 하는 점이다.

이런 현상은 계속될 수밖에 없다. 국회의원과 대통령을 국민의 손으로 뽑지 않는 중국 같은 공산당 독재국가에서도 실업률 앙등으로 민심이 흉흉해지는 것을 가장 우려하는데, 하물며 2년에 한 번씩 각종 선거를 치르는 미국이나 한국 같은 민주주의 국가에서 유권자 눈치를 보지 않고 정권이 유지될까?

그래서 세상의 실전 경제학은 모두 국제 정치경제학일 뿐이다. 국제 정치경제학에서 가장 중요한 요소는 미국이다. 기축통화국인 미국은 돈을 마음껏 찍어내고 빚을 내서 거대한 재정정책을 집행해도 부도 위험이 낮지만, 다른 국가는 돈의 값에 따라 위험도가 높아진다.

그래서 정부가 쓸 수 있는 경제정책에는 한계가 있다. 정부의 경제정책은 크게 보면 두 가지, 금리 조정 같은 통화정책이나 정부의 예산 집행 같은 재정정책이 있다. 그런데 자유변동환율제 아래에서는 미국의 금리 동향을 살피지 않고, 혼자 제멋대로 금리를 인하하거나 인상할 수 없다. 국내 사정이 아무리 힘들어도 미국과 동조를 맞춰야 해외 투자 자금이 이동하지 않는다. 자국의 돈값이 급락하거나 급등해서 외환시장이 출렁이는 것을 바랄 정부는 없다.

세수가 불충분하면 재정정책도 마음대로 할 수 없다. 정부가 돈이 없다면 국채를 발행해야 하는데, 국채 발행은 국가 신용도와 연관되어 있다. 정부가 건전한 재정 상태를 유지하지 않으면 국가 신용도가 떨어지고, 국가 신용도가 떨어지면 국채를 발행할 때 이자가 높아지고 자국 화폐의 가치가 떨어질 수 있다.

그런데 각국의 국가 신용도를 평가하는 3대 신용평가사(무디스, S&P, 피치)도 모두 미국 회사다. 경제가 위기 상황이면 오히려 이들 신용평가사의 수익이 올라가고 주가가 올라간다. 이번 코로나19 사태 때도 마찬가지였다. 신용등급이 간당간당해서 돈을 싸 들고 오는 기업, 국가가 많기 때문이다.

지금 세계 자본주의 국가들은 그래서 신자유주의냐 케인지언이냐, 작은 정부냐 큰 정부냐 하는 케케묵은 이념에 얽매여 있지 않다. 그건 별 의미가 없다. 더군다나 각국 정부들의 경제

정책은 자본주의 요소와 사회주의 요소가 두루 섞여 있다. 현실 속 자본주의는 스스로를 수정하고 적응하며 살아간다. 세계 자본주의 국가들(중국을 포함해서)이 경제정책을 펼 때 가장 신경 쓰는 요소는 이념이 아니다. 미국 돈, 달러 값이다.

미국 vs. 중국

'중국이 미국을 삼키려고 하는데 어떻게 해야 하지?' 이런 두려움을 미국인이 안고 살아갈 이유는 없다. 공포는 많은 부분, 아마도 정치적 이유로, 과장되었다. 중국은 아직, 그리고 앞으로도 한참 동안, 미국의 상대가 되지 않을 것이다.

2019년 12월 영국 싱크탱크 경제경영연구소(CEBR)의 보고에 따르면 미국은 2019년 말 기준 전 세계 GDP의 24.8%, 중국은 16.3%을 차지했다. 이 보고서 계산대로라도 중국이 미국의 경제 규모를 따라잡을 수 있는 시점은 10여 년 뒤인 2033년이다. 흥미로운 점은 당초 이 연구소가 중국이 미국을 추월할 것이라고 예측했던 시점이 점차 늦춰지고 있다는 사실이다. 연구소가 밝혔듯이 당초 연구소는 중국이 미국을 추월하는 시점을 2030년으로 봤다가 2033년으로 3년을 늦췄다.

세계적인 경제연구소들이 예측을 자꾸 수정하는 이유는 단순하다. 중국의 미래 경제성장률 예측치와 미국의 경제성장률 예측치가 지속적으로 바뀌기 때문이다. 2019년 말 기준 전 세계 경제에서 차지하는 미국 GDP의 비중 24.8%는 2007년 이후부터 따져보면 최근 13년간 최대치다. 이상하지 않은가? 중국은 2000년대 이후 기하급수적으로 성장했고, 미국은 그보다 훨씬 뒤처졌던 것 같은데 미국이 2019년 말 세계 경제에서 차지하는 비중이 2007년 이후 최대치를 기록하고 있다니, 어떻게 된 일일까?

미국이 지난 10여 년간 예상보다 더 크게 성장했고, 중국은 예상보다 덜 성장했기 때문이다. 2020년 미국 경제가 마이너스 성장하고 중국이 2%쯤 플러스 성장한다고 하더라도, 다시 미국이 코로나19 이전처럼 고속 성장해버리면 중국이 미국의 경제 규모를 언제 따라잡을 수 있을지는 알 수 없다. 중국이 미국을 따라잡으려면 미국은 전혀 성장하지 않은 채로 가만히 멈춰 있고 중국은 해마다 5% 이상 성장해서 10년쯤 후나 되어야 한다. 그런데 여기서 가정하는 두 가지 전제, 중국은 해마다 5% 이상 성장하고 미국 경제는 전혀 성장하지 않는다는 이 가정이 현실화되기는 불가능하다.

게다가 코로나19가 아니더라도 중국의 고속 성장 시기는 지나갔다고 보는 게 타당하다. 중국은 1인당 GDP가 이제야 1만 달러에 도달했는데 일본이나 EU처럼 인구 노령화 현상을 겪고 있다. 중국은 이미 늙고 있다. 5년 전부터 경제활동인구가 감소하고 있다. 게다가 중국의 약진을 우려하는 서방 진영이 중국의 굴기, 기술 입국으로의 도약을 좌절시키려고 수많은 장애물을 놓기 시작했다.

그동안 중국은 거대한 시장으로 대접받으면서 선진국의

상표권과 지적재산권을 훔치며 마음껏 장사해왔지만 앞으로는 어려울 것이다. 미국을 비롯한 서방 진영은 전 세계 위조 및 도용 상품(copycat)의 63%가 중국 짓이라며 더 이상 좌시하지 않겠다고 벼르고 있다.

또 중국 기업과 가계가 진 빚이 너무 많다. 중국의 고속 성장도 많은 부분 빚에 의존해 있다. 2018년 기준으로 중국 중앙정부의 빚은 GDP의 50%를 조금 넘는 수준이었지만, 정부와 기업, 가계, 은행이 진 빚까지 합해 GDP와 비교해보면 300%에 육박한다. 이것도 알려진 빚만 그렇다. 중국 특유의 분식회계를 생각한다면 만약 일이 터지고 진짜 실체가 드러났을 때 빚의 규모가 어느 정도일지는 상상하기 어렵다. 이렇게 되면 앞으로 중국 정부가 빚내서 성장률을 높이는 데도 한계가 있을 것이다.

중국이 섣불리 내보인 발톱도 중국을 옥죄고 있다. 중국은 과거 냉전 시대 소련이 그랬던 것처럼 남미나 아시아, 아프리카 저개발 국가들을 원조했고, 일대일로의 미명 아래 동유럽 국가들이나 이탈리아를 자국 편으로 끌어들이려고 했으며, 아프리카 일부 국가에 꼭두각시 정부를 세우려는 시도까지 했다. 소련처럼 군비 증강에도 열을 올렸다.

뱁새가 황새 쫓아가려다가 가랑이 찢어진다고, 소련이 미국 쫓아가려다가 1980년대 말 자국의 경제난으로 나라가 핵분열되었듯이, 경제적 기반 없이 세계 최강대국 미국과 패권을 다투려는 욕망을 미리 보여버린 대가로 중국은 다시 은인자중의 시대를 맞이해야 할지 모른다. "자본주의는 죽을 운명이고, 사회주의가 승리할 것이다(Capitalism is bound to die and socialism is bound to win)"라는 시진핑의 2013년 발언이 오히려 미국을 경각시켰던 것이다.

반면 미국은 최근 코로나19 유행에 잘못 대처하면서 국제적인 체면 손상에도 불구하고 여전히 세계 최대 패권을 유지할 기반이 충분하다. 2차 세계대전 직후 미국이 전 세계 GDP의 40% 이상을 차지했다가 2019년 말 현재 24.8%로 떨어졌으니, 이를 단순 비교하면 미국의 경제가 수십 년 동안 쇠락하고 있다고 말하겠지만 좀 더 내밀하게 따져보면 이야기가 달라진다. 세계 경제에서 미국 GDP의 비중은 1980년 25% 수준까지 떨어진 뒤 오르락내리락하면서 오늘까지 이어져오고 있다. 40년 동안 현재의 수준을 유지하고 있었다는 말이다.

그런데 유럽은 전 세계 경제에서 차지하는 비중이 35%에서 21%로, 일본은 10%에서 6%대로, 러시아 즉 구소련은 3%에서 2%로 하락했다. 세계 경제에서 차지하는 자국의 GDP 비중이 2%에서 17% 수준으로 늘어난 중국이 약진한 것은 사실이지만, 그렇다고 미국이 쇠락했다고 보기는 힘들다.

오히려 1980년대 이후 단일국가로 가장 큰 쇠락은 일본이 경험했다. 왜? 1985년 플라자합의(미국 뉴욕 플라자호텔에서 미국, 일본, 영국, 프랑스, 서독 등 당시 G5 국가가 모여 미국 달러 가치를 내리고, 일본 엔화 가치를 올리기로 합의한 회담)로 엔화를 강제 조정당한 이후, 자산 버블과 붕괴, 잃어버린 30년을 거치면서 세계 경제에서 차지하던 비중이 고꾸라진 것이다. 냉전의 한 축으로 미국에 도전했던 소련, 떠오르는 태양으로 불리며 미국 GDP의 70% 수준까지 성장했던 일본이 미국의 견제를 받고 얼마 뒤 몰락한 역사, 그리고 미국이 세계 GDP에서 자신의 비중을 40년 동안 지켜나간 역사를 잊어서는 안 된다. 미국, 절대 쉽게 무너지지 않는다.

게다가 미국은 지난 100여 년 자본주의 역사를 통해 열세 번의 경기후퇴와 한 번의 대공황을 거쳤다. 성공 경험만큼 실패 경험도 중요하다. 반면 중국은 1979년 덩샤오핑의 개혁개방 정책 이후 계속 성장만 했다. 단 한 번의 경기후퇴(recession)도 없었다. 역사적 큰 시험대에 오르면 누가 위기에 잘 대처할지는 자명하다.

미국이 경제적으로 완전히 붕괴한다면, 그러니까 과도한 부채로 달러를 더 이상 못 찍어내거나 빚을 못 갚겠다고 선언해서 무너진다면, 그건 전 세계 경제에 대재앙이 될 것이다. 지금 세계 자본주의는 서로 연결되어 있다. 서로가 서로의 몸에 밧줄을 매고, 서로의 몸무게를 지탱하고 있다.

그런데 밧줄에 묶여 있는 맨 앞, 가장 크고 무거운 미국이라는 암석 하나가 갑자기 절벽 아래로 떨어진다면 함께 밧줄에 묶여 있던 것들은 어떻게 될까? 절벽 아래로 떨어지지 않고 버틸 재간이 있을까? 중국이 몰락해도 마찬가지다. 미중 갈등이 간혹 격화될 수도 있지만, 최후의 순간에는 서로의 이익을 위해 타협점을 찾게 될 것이다. 미국과 중국, 한국을 포함한 세계 각국은 이미 서로, 너무, 많이 엮여 있다.

2장

왜 한국 경제는
부동산에 발목 잡혔나

땅의 값

논, 밭, 과수원 등 지방의 농지를 농부가 아닌 정부 고위직 행정
관이나 국회의원이 직접 살 일은 드물다. 상속받지 않는 이상
직접 샀다면 개발 호재 때문일 가능성이 크다. 개발 호재 없이
정말 순수하게 본인이 집을 지을 목적으로 땅을 샀다고 하더라
도 부동산 정보에 밝은 사람이라면 무턱대고 대지(집을 지을 수
있는 땅)를 사지는 않는다.

땅값을 땅의 용도별로 나눈 뒤 값을 매기면 대개 논, 밭, 대
지의 순서가 된다. 물을 대서 쌀농사를 짓는 논이 가장 싸다. 거
기에 흙을 뿌려 밭으로 만들면 땅값이 약간 오른다. 밭농사를
하다가 옆에 집을 짓고 살아야겠다며 대지를 조성하고 상하수
도와 전기를 들여오면 땅값이 열 배 정도로 오른다. 패턴이다.
논에서 밭으로 바꾸고, 밭의 일부를 대지로 바꾸기. 물론 농사

골든 크로스

를 직접 짓지는 않는다. 농사는 소작농이 하고, 지주는 땅의 용도 변경을 위해 서류 작업에만 신경 쓰면 된다. 땅으로 돈을 벌려면 나름 성실해야 한다.

기획부동산들이 하는 일은 규모가 다르다. 저 멀리 고속도로가 보이는 임야를 대규모로 헐값에 사들인 뒤 이를 구획 지어 나눈다. 원래 그 산, 임야는 한 필지지만 수만 평을 사서 1평부터 200여 평까지 쪼갠 뒤 콜센터처럼 마케터를 고용해서 구획된 땅을 판다. 관광 리조트로 개발할 것이라는 선전과 함께 팔면 땅값은 자기들이 산 가격의 수 배, 수십 배로 금방 뛴다. 지금 사지 않으면 나중에는 더 오를 것이라고 말하는 마케터의 감언이설에 누구도 넘어가지 않을 것 같지만 사실 많은 사람이 넘어간다. 실제로 검사 출신 법무부장관의 부인이 이런 땅을 수억 원씩 주고 샀다며 들킨 일도 있다.

'개발, 호재, 장기적으로 보면 결국 땅'이라는 미신과 욕심이 얽히면 사람의 이성은 마비된다. 게다가 이런 기획부동산 사기꾼은 법으로 처벌하기도 쉽지 않다. 정말 관광 리조트 사업을 할 것이라면서 관련 민원서류를 군청이나 도청에 제출하기 때문이다. 도저히 개발 인허가를 내줄 수 없는 땅인데 이를 뻔히 알고도 서류를 제출해온 행적이 보이면, 이들이 진정으로 관광 리조트 개발사업을 하는 사업가들인지, 땅만 팔아먹고 말려는 사기꾼인지를 판별하기가 쉽지 않다. 땅 팔아먹는 기획부동산이 수년 동안 꾸준히 영업하면서 피해자들을 속이는 방법이다.

기획부동산이 이런 방식으로 올려놓은 땅값을 시장의 가

격(market price)이라 할 수 있을까? 공정한 가격(fair price)이라 할 수 있을까? 이렇게 사기로 가격을 일시에 높여놓아도 아무런 값어치가 없다면, 개발하지 않는다면 땅값은 다시 내려갈 수밖에 없다. 이런 가격까지 모두 시장가로 인정하기는 힘들다.

그래서 땅의 시장가와 정부가 1년에 한 번씩 공표하는 땅의 공시가는 제법 차이가 난다. 정부의 공시가는 세금과 복지 등 정부의 각종 행정에 필요한 기준가격이라고 보면 된다. 정부는 공시가를 통해 땅의 값을 확정하고 이를 개인에게 통지해서 이의가 없는지를 확인한 뒤에 재산세를 부과한다. 상속세 기준도 된다. 건강보험료도 재산의 많고 적음에 따라 달라지니 건강보험료에도 영향을 미친다. 복지 대상자, 기초수급 대상자를 선정할 때도 재산의 많고 적음은 중요하다. 정부가 필요에 따라 택지를 조성하고자 민간의 땅을 돈을 주고 살 때도 공시가는 중요한 판단의 척도다.

그런데 정부가 전 국토의 땅값을 시장가로 파악할 방법이 없다. 규격화된 상품 같은 아파트야 거래가 워낙 많아서 시장가를 파악하기가 쉽지만, 전국에는 수십 년 동안 단 한 번도 거래되지 않은 땅이 수두룩하다. 저 동네 뒷산 너머 옆집 밭이 한 평에 100만 원에 거래됐다고 해서 오늘 우리 집 밭 한 평을 정부가 100만 원에 공시하고 재산세를 부과한다면 농민이 민란을 일으킬 것이다.

방 세 개, 화장실 두 개, 거실 하나 등 규격화된 아파트만 한 해 동안 같은 동네에서 수백, 수천 건이 거래된다. 그래서 매일 거래되는 주식시장의 주가처럼 가격을 파악하기가 쉽다. 시장에서 가격을 측정하기 쉬우니 가격에 대한 신뢰가 있고, 신뢰가 있으니 또 매매가 잦아진다. 그래서 정부가 시장가에 맞게 공시가를 올릴 수 있는 거의 유일한 땅값이 공동주택이나 아파트다.

땅값의 역사

한국 부동산 문제는 결국 아파트 땅값의 문제다. 한국에서 땅값이 가장 높다는 서울 강남의 아파트 가격도 어느 날 뚝딱 하늘에서 떨어진 것이 아니다. 시간이 흐르면서 형성됐다. 1960년대 수백 원이던 강남(그때는 강남이라고 불리지도 않았다) 땅값은 수천 원이었다가 수만 원, 십 년 남짓 지난 1970년대에는 수십만 원에 이르렀다. 십 년 안팎으로 1,000배가 상승한 것이다.

개발이 시작되자 투기꾼이 득실거렸다. 무리에는 정부 관계자도 있었다. 상공부 공무원들이 돈을 모아 강남에 땅 투기를 했다. 집권 여당이 선거 자금을 확보하고자 서울시 도시과 공무원에게 수천만 원을 쥐여주고 해당 공무원은 몇 달 만에 이를 수 배로 뻥튀기해서 정치자금을 마련하기도 했다. 등기를 하지 않고 땅을 사고파는 미등기 전매가 횡행하던 시절이었다. 오늘 아침 A에게 5,000원에 팔린 땅이 그날 오후 다시 B에게 5,500원에 팔리고 다음 날 오전에 또 C에게 6,000원에 넘어갔지만, 아무도 자기가 그 땅을 샀다는 사실을 공식적으로 등기하지 않았다. 관청에 소유권을 등기한 사람은, 그렇게 미등기 전매로 수십 바퀴를 돌고 한참이 지난 다음에야 A가 당초 5,000원에 샀던 땅을 5만 원에 등기한 Z가 되었다.

같은 시기 박정희 전 대통령은 경기고, 휘문고, 숙명여고를 비롯한 명문 고등학교들을 대거 강남으로 이전시켜 강남 8학군을 형성시켰다. 박정희의 뒤를 이어 전두환 신군부 정권 때도 강남 개발은 이어졌다. 사람들의 머릿속에서 강남은 '개포'와 '양재'로까지 영역이 넓어졌으며, 88올림픽 전후에는 잠실이 개발되면서 강남, 서초, 송파구로 강남의 '영토'가 확장된다.

1989년부터 법원이 강남으로 이전하기 시작했는데, 1995년 10월 서소문의 대법원과 대검찰청까지 옮겨 가면서 이른바 '서초동 시대'가 열렸다. 1988년에는 반포동으로 국립도서관 본관이 이전됐으며, 1993년에는 서초동에 예술의 전당이 개관했다. 학교, 도서관, 문화관, 카페, 술집에다 테헤란로에 상업용 고층 빌딩이 빽빽이 들어서면서 강남은 한국에서 가장 번화한 지역이 됐다. 그러니까 강남은 수십 년 동안 여러 정권에서 정성스럽게 만들어지고 가꿔진 한국 최초의 신도시인 셈이다.

삼성동 현대차 부지의 가격을 감안하면 그동안 강남의 땅값은 1960년대 평당 수백 원에서 현재 수억 원으로 뛴 것으로 측정된다. 계산도 안 된다. 수백 원에서 수억 원. 100만 배쯤 뛰었을까? 60년 동안 어떤 재화나 서비스가 이런 가격상승률을 보였던가? 없다. 한국에서는 도저히 찾아보기 힘들다.

그렇게 60년이 흘렀다. 1990년대 이후 민주화된 한국에서

5년짜리 정부는, 그것이 이른바 진보든 보수든, 과연 무엇을 할 수 있었을까? 한국 경제는 IMF 환란 이후 세계 최고 수준으로 개방되어 있다. 금리는 미국 연준이 올리거나 내려야 틈을 보며 올리거나 내린다. 환율은 최근에는 중국 위안화와 연동되는 양상이다. 외환보유고를 풀어서 환율을 방어하다가 IMF 환란을 맞은 끔찍한 기억이 있기에 정부가 환율에 개입하는 일은 지극히 조심스럽다. 외국 투자자들이 노려보고 있고, 미국 재무부가 가끔 한국의 경제정책을 논평하기도 한다.

한국 경제가 세계 경제에 개방됐다는 의미는 달리 보면 이렇게 미국이 만든 세계 체제에 갇혀 있다는 의미이기도 하다. 이것이 꼭 나쁜 의미는 아니다. 양식장에 갇힌 물고기도 바다를 자유롭게 헤엄치고 있는 셈이기 때문이다.

그렇다고 독재 시절 박정희 전 대통령이 했듯이 정부가 건축비를 지정해 고시하지는 못한다. 이 값에 건축비를 맞춰놓으라고 '행정지도'를 할 수는 없다. 말을 듣지 않는다고 남산으로 기업인들을 끌고 가지도 못한다. 정부의 정책은 한국 돈의 값어치가 국제시장에서 폭락하거나 폭등하지 않을 딱 그 범위 내에서만 운영되어야 하고, 부동산 정책은 정부의 거시경제 정책의 한 부분으로 귀속되는 게 마땅하다. 국내 거시경제 정책의 범위 안에서만 부동산 정책도 시행될 수밖에 없다. 부동산 가격 잡겠다고 경기 불황 속에서 금리를 대폭 올릴 정부는 없다. 불가능하다.

게다가 IMF 이후 새롭게 비정규직 문제가 생겼다. 한국에도 미국의 흑인처럼 구조적으로 차별받는 계층이 생긴 것이다. 노동 인구의 절반 정도가 고용 상태가 불안하다. 독과점 문제가 심각해졌다. IMF 이전에 열다섯 개였던 전국의 시중은행이 네 개만 남았다. 우리가 먹고 사고 쓰는 거의 모든 재화와 서비스를 생각해보라. 아파트 브랜드도 상위 다섯 개가 점유하고 있고, 백화점도 서너 곳이 나눠 먹고, 대형마트도 두세 곳이 장악했고, 자동차는 사실상 한 그룹에서 독과점한다. 정규직과 비정규직의 임금 차가 10대 6 수준으로 벌어져 있고, 그런 수준의 임금을 받는 비정규직이 전체 직장인의 절반 정도로 추산된다.

여기에 부동산 가격이 급격히 상승하면서 있는 자와 없는 자를 특정 지역 주택의 소유 여부로 구별하고 있다. 1990년대까지만 해도 수천만 원 차이에 지나지 않았던 서울 강남북 아파트의 가격이 십억 원 안팎으로 벌어졌다. '내가 그때 저기를 샀더라면, 내가 그때 저기를 팔지 않았더라면…' 순간의 선택으로 자산 격차가 크게 벌어진 사람들은 강남의 부가 정당한 것이라고 인정하지 못한다. 더구나 그런 기회마저도 없는 2030 세대는 부모나 삼촌 세대가 응당 자신의 몫이 되어야 할 잠재적 부의 일부를 빼앗아버린 것 같아 적개심에 불타오른다.

서로가 서로를 향해, 손가락질한다. 시민은 정부를 향해, 정부는 투기꾼을 향해. 투기꾼은 정부를 향해, 자식 세대는 아버지 세대를 향해, 삼촌 세대는 자식 세대를 향해, 왜 나는 집이 없고 너는 집이 있느냐고, 왜 너는 집으로 그렇게 큰 돈을 벌었는데, 나는 그럴 기회조차 없느냐고 비난한다. 그 손가락이 향하는 끝은 정부가 되기 마련이다. 땅값이 지나치게 상승하면 유권자가 화를 내는 것은 당연하다. 유권자를 두려워하는, 그러나 땅값에 대한 별다른 제어 수단이 없는 정부는 무엇을 어떻게 해야 할까?

아파트와 빚

포털 사이트에서 기간을 설정해놓고 한번 검색해보라. 언제부터 한국은행 총재가 가계부채 문제가 우리 경제의 위험 요소라고 경고하고 있는지. 5년 전인 2015년에도, 2016년에도, 2017년에도, 2018년에도, 2019년에도 한국은행 총재는 끊임없이 가계부채가 심각하다고 경고했다. 우리 경제의 위험 요소라는 것이다. 째깍거리는 초침 소리가 선명하게 들리는 시한폭탄처럼 한국은행 총재가 매년 경고하는 가계부채 문제는, 그러나 지난 5년 동안 한 번도 터지지 않았다.

그동안 가계부채를 줄여왔기 때문에? 아니다. 부채 증가율은 감소했을지 몰라도 부채의 총량은 꾸준히 늘었다. 그리고 2020년 코로나19가 닥쳤다. 정부도, 가계도, 기업도 다시 정신없이 돈을 빌려 쓰는 상황이다. 주택담보 대출이나 전세 대출은 규제하지만, 경기가 나쁜 상황에서 자영업 대출이나 신용 대출을 규제할 수는 없다. 오히려 이자를 유예해주거나 저금리로 갈아탈 수 있도록 배려해준다. 2019년 말 국제결제은행(BIS)이 집계한 한국의 가계부채(비영리단체 포함)는 1,827조 원이다. 성장률은 1~2%대인데 부채 증가율은 여전히 5%대 안팎이다.

그렇다고 거대한 규모의 부채를 원금까지 차근차근 갚고 있는 것도 아니다. 대출 종류별 가계부채의 상환 형태를 집계한 공식적인 통계자료는 없다. 그래서 한국은행이 가계금융-복지조사 자료를 이용해 추산한 데이터를 보면 주택담보 대출의 경우 원금까지 균등분할 상환하고 있는 비중은 2018년 말 기준 46.8%에 지나지 않았다. 22.4%가 혼합형이고, 30.7%가 만기 일시 상환이다.

이렇게 만기 일시 상환 비중의 비율이 높은 나라는 드물다. 대부분의 선진국 가계는 매월 원금과 이자를 함께 갚아나간다. 특히 처분가능소득 대비 가계부채비율을 보면 정신이 아득해 진다. 2016년 매 분기, 그리고 2017년 상반기까지 소득 증가율 보다 가계부채 증가율이 두 배에서 많게는 다섯 배 가까이 폭증 했다. 2015년 1분기 이후 처분가능소득의 증가율이 가계부채 증가율을 앞선 적이 단 한 번도 없다.

이렇게 한국은 '소득보다는 빚으로', '빚은 이자만 내고 원금은 나중에' 방식으로 수십 년을 버텨왔다. 대출자가 만기에 은행 빚을 일시에 갚으려면 목돈이 필요한데 그 돈은 어디서 날까? 한국 가계의 자산은 80% 정도가 부동산으로 구성되어 있다. 부동산은 말 그대로 부동, 움직이기 어려운 자산이다.

금융자산이 별로 없는 대출자가 은행에 빚을 갚기 위해 할 수 있는 방법은 세 가지다. 계속 이자만 내면서 대출원금 갚기를 연기하거나, 대출원금을 이자와 함께 꼬박꼬박 갚거나, 아니

처분가능소득 증가율 대비 가계부채 증가율(한국은행 제공)

항목	비율(%)	가계부채 증가율(%)	처분가능소득 증가율(%)
2015. 1/4	131.5	7.4	5.0
2015. 2/4	133.5	9.2	5.4
2015. 3/4	134.9	10.3	6.4
2015. 4/4	137.2	10.9	6.9
2016. 1/4	139.1	11.4	5.3
2016. 2/4	141.7	11.1	4.7
2016. 3/4	145.3	11.3	3.3
2016. 4/4	149.5	11.6	2.4
2017. 1/4	150.4	11.1	2.7
2017. 2/4	152.9	10.4	2.2
2017. 3/4	154.0	9.5	3.3
2017. 4/4	156.3	8.1	3.4
2018. 1/4	156.2	8.0	4.0
2018. 2/4	156.6	7.5	5.0
2018. 3/4	157.4	6.7	4.4
2018. 4/4	158.0	5.9	4.8
2019. 1/4	158.1	4.9	3.6
2019. 2/4	159.1	4.3	2.7
2019. 3/4	160.3	3.9	2.0

면 소유한 부동산을 처분해서 빚을 갚는 길이다.

대출원금과 함께 이자까지 갚아나가면 가계의 가처분소득

이 줄어든다. 쓸 돈이 부족해진다. 소비가 줄어들고, 소비가 줄어들면 경기에 악영향을 미친다. 투자가 지지부진한 상황에서 한국 경제는 민간 소비와 수출로 성장률을 유지해왔다. 금융당국이 주택담보 대출의 원리금 균등분할 상환 비율을 갑자기 높이라고 은행권을 독려하면 가계는 순식간에 궁핍해진다. 소비는 위축된다. 빚으로 쌓은 성은 금세 허물어질 것이다. 그러니 정부가 이 길을 선택할 수는 없다. 할 수 있는 방법은 천천히, 시나브로 경제 상황을 보면서 원리금 균등분할 상환 비율을 높여가는 것이다.

텅 비어가는 상가 건물

경기가 급랭해서 거래가 잘 이루어지지 않는 상황이 닥친다고 하더라도 아파트처럼 규격화된 시장은 그나마 낫다. 상품처럼 금방 팔릴 가능성이 크기 때문이다. 매도가를 낮추고 집 팔아서 빚 갚고 나면 그만이다. 빚 못 갚아서 인생이 담보로 잡히는 상황은 막을 수 있다. 진짜 큰 문제는 상가 건물이다.

온라인 상거래가 활성화되면서 안 그래도 공실률이 높아지던 상황에서 코로나19가 터졌다. 지난 수년 동안 상가 건물의 공실률이 조금씩 높아졌다면, 상가 건물의 값은 끝없이 버블화되고 있었다. 대형 오피스 공실률이 12% 수준에 이르렀다. 시장에서 실제 공실률은 그보다 훨씬 더 높을 것이라고 단언한다.

2019년 10월경 서울 홍익대학교 앞 대로변 상업지구 건물은 평당 호가가 3억 원으로 치솟았다. 2년 전에는 1억 원 수준이었다. 부동산 리츠 상품이 유행하고, 대로변 상가 건물이 품귀 현상을 빚으면서 나타난 현상이었다.

부동산 리츠 자산운용사 대표들도 이렇게 높은 가격에 들어가도 되는지 고심할 수밖에 없는 가격 수준이었다. 그러나 전 세계적 저금리 추세에 제조업 경기는 불투명하고 투자할 곳은 마땅치 않은데 리츠 펀드는 성업 중이었으니 어쩌겠는가? 베팅을 할 수 있는 소수의 자산운용사가 빌딩 사재기를 했다.

일단 사야 매출이 커지고 그래야 수수료도 더 받을 수 있으며, 덩치가 커져야 더 큰 기관이 들어올 수 있기 때문이다. 이렇게 땅값이 뛰면 리츠 펀드의 투자자들은 어떻게 될까? 배당 수익률이 떨어진다. 주식 배당과 똑같다. 1만 원짜리 주식이 500원을 배당하면 5% 배당 수익률이지만, 주가가 올라서 2만 원이 되면 500원의 배당금 수익률은 절반으로 뚝 떨어져 2.5%가 된다. 기억하자, 모든 재화는 비싸게 사면 수익이 떨어진다.

이런 상황에서 코로나 사태가 닥친 것이다. 공실이 발생하면 수익이 나기는커녕 적자가 발생한다. 수천억 원짜리 건물을 자기자본만으로 사는 큰손은 없다. 아무리 초저금리 상황이라 해도 대출 이자도 내야 한다. 미국의 상업용 건물도 마찬가지 상황에 직면했다. 가격은 오르고, 수익률은 떨어지고, 대출 연체율은 급증했다. 코로나19 이전 1%대를 보이던 미국 상업용 빌딩의 대출 연체율은 10%대까지 치솟았다. 게다가 선진국은 대부분 우리와 달리 원리금을 균등분할 상환한다.

여기에 함정이 있다. 우리가 선진국과 다른 점은 세 가지다. 일단 이자만 내고 버틸 수 있다는 점, 이자만 내면서 건물주나 상가 주인이 부담이 커지는 상황을 현금 돌려막기로 숨통을 틔우며 시간을 좀 더 벌 수 있다는 점이 첫 번째 함정이다.

이렇게 시간을 벌면서 이자만 내니 대출 연체율은 다른 선진국보다 낮아 외견상 괜찮아 보인다. 하지만 늘어가는 공실과 어쩔 수 없는 임대료 인하, 오프라인 상거래 퇴조 및 온라인 상거래의 집중화 현상이 지속되면서 상가 건물주 상당수가 내심 좌불안석이라는 점이 두 번째 함정이다.

무엇보다 심각한 세 번째 함정은 은행들이 상가 건물에 대한 가치 재평가를 거의 하지 않는다는 점이다. 공실률이 지속되고 임대료가 점차 낮아지는 데다가 오프라인 상업용 건물들이 구조조정에 직면해 있는데, 한국의 금융권은 이를 드러내고 싶어 하지 않는다. 당장 연체율을 막고 은행의 건전성이 안정돼 보이도록 하면 그뿐이다. 시간을 벌고 있는 것이다. 그래서 금융당국도 수년 동안 끊임없이 경고하면서도 이에 대해 특단의 대책을 내놓아 시장의 결대로 정리할 것은 정리하자고 밀어붙이지는 못한다.

상가 건물 주인들의 빚, 공실률, 자영업 침체, 실업률 증가, 상업용 건물가격 하락, 급매 등장, 매물 증가, 경매 증가, 상가 매도가격 급락세, 상가 건물 시장의 급락세가 아파트 시장으로 전이, 아파트 시장가 급락이 결국 경제 붕괴로 연결되는 최악의 시나리오가 두렵기 때문이다.

주택연금이라는 꼼수

부동산은 계층 문제이기도 하지만 세대 문제이기도 하다. 정치인들이 도시계획을 세우거나 아파트 인허가를 내주는 과정에서 정치자금을 마련하고, 그런 부패를 감시해야 할 기자들이 아파트를 나눠 갖고, 돈 될 만한 개발 정보가 관에서 민간사업자로, 민간사업자에서 다시 관이나 관 언저리에서 기생하는 기성 권력에 은밀히 공유되었던 한국의 부동산 역사를 돌이켜보라. 지금의 2040 무주택 세대가 부동산은 원천적으로 불공정한 게임이라고 생각하는 것은 어쩌면 당연하다.

　지금은 아파트를 어떤 계층(신혼부부, 수십 년간 무주택 서민 등)에게 얼마만큼 특별 공급하는지가 사회적 논란이 되지만 과거에는 좀 달랐다. 30년 전 강남의 차관아파트(말 그대로 외국으로부터 차관 원조를 저리로 받아 짓고 분양한 아파트, AID 아파트라고 부르기도 한다)를 분양할 때는 공무원, 군인, 기자들에게 미리 특별 분양하고 나머지를 일반에게 분양하는 게 당연했다. 그렇게 신문에 분양 광고가 났다. 심지어 1980년대에 그린벨트를 해제하면서 지어진 강남의 한 아파트는 한 동 전체가 국토교통부 산하 기관 직원들에게 특별 분양되기도 했다.

　이렇게 아파트를 갖게 된 사람들 다수가 이른바 미래 세대의 할아버지, 아버지, 삼촌뻘이다. 한국인 특히 50대 이상 한국인의 자산이 대부분 부동산에 집중될 수밖에 없는 데에는 이런 일상화된 부패가 자리하고 있고, 이런 부패를 보면서 '그래 나도 부동산에 투자하지 않고는 돈을 벌 수 없겠구나'라고 여기는 평범한 중산층의 욕망이 존재한다.

그러나 역사적 이유가 무엇이든 그것의 결과인 현재를 상대해야 하는 정부는 선진국과 달리 부동산에 과도하게 집중된 개인 자산이 이후 심각한 경제사회 문제가 될 수 있다는 것을 오래전부터 염려해왔다. 미래 세대, 그중에서도 부모로부터 물려받을 게 없는 세대의 입장에서는 분통 터질 일이지만 주택연금도 이렇게 부동산을 선취매해서 사실상 집만 소유한 기성세대를 위해 10여 년 전에 만들어진 제도다.

고령화 및 은퇴 인구의 증가는 월소득의 급격한 감소를 의미한다. 그런데 한국은 나이 들어 은퇴하는 세대 숫자가 자식 세대 숫자보다 훨씬 많다. 2018년 말 기준 한국의 50대는 861만 명, 40대는 848만 명이지만 30대는 727만, 20대는 682만 명이다. 여기에 65세 이상 고령 인구가 765만 명으로 전체 인구 5,180만여 명 가운데 15%에 이른다. 다시 한번 말하지만 50대 이상의 자산 대부분은 부동산에 묶여 있으며, 이들은 은퇴하면 대부분 마땅한 소득이 없다.

주택연금은 집만 가진 한국의 50대 이상 유주택자를 위해 현재의 부동산 시세를 영원불변의 가격으로 상정하고 이를 담보로 잡은 뒤 월급처럼 현금을 융통해주는 제도다. 주택금융공사라는 공적 기관의 보증 아래 은행은 아파트의 현재 가치를 바탕으로 미래에도 그 가치가 유지될 것이라는 전제 아래 매월 일정액을 통상적 시중 예금 금리보다 높은 고리로 지급한다.

이렇게 되면 50대 이상 유주택자로서는 은퇴 이후 사용할 현금 걱정을 상당 부분 덜게 된다. 은퇴 후에도 소비가 일정하게 유지될 것이고, 이 소비는 안정적인 경제 성장의 한 축이 될 것이다. 게다가 현재의 가치로 집값을 평가받았으니, 집값이 떨어진다고 해서 서둘러 집을 팔 필요도 없다. 죽을 때까지 살다가 잔존가치가 있으면 상속하고, 수십 년 후 집값이 떨어지면 주택금융공사의 몫이 된다.

공사의 재원은 결국 세금이다. 만약 집값이 폭락해서 회복하지 못한다면 그 부담은 모두 미래 세대가 떠안게 된다. 부모로부터 물려받을 자산이 있는 청년이라면 덜 억울할 것이다. 물려받을 자산도 없는 상황에서 미래 어느 시점에 주택연금제도의 유탄을 맞게 된다면, 즉 그것을 사회적 부담으로 몇십 년 후 떠안게 된다면 많이 억울하지 않을까?

하지만 지금으로부터 30년 후 그런 일이 발생한다고 하더라도 누구에게 따질 수 있을까? 모두가 손가락 걸고 기도만 하게 된다. 집값이 과도하게 떨어지지 않아야 경제 사회적으로 평안하겠다는 생각을 하지 않을 수 없다. 한국은 주택가격의 폭등보다 폭락을 더 걱정해야 하는 역사적 구조를 생산해서 대물림하고 있는 셈이다.

서울, 홍콩, 싱가포르

서울은 작다. 인구도 많다. 어느 정도일까? 서울, 홍콩, 싱가포르를 비교해보자. 서울이 605제곱킬로미터, 홍콩의 면적은 1,106, 싱가포르는 721이다. 서울 면적이 홍콩이나 싱가포르 같은 도시국가보다 작다. 그런데 서울에는 1,000만여 명이 살고, 싱가포르에는 560만 명, 홍콩에는 740만 명이 산다. 서울은 산으로 둘러싸여 있어 개발 면적도 제한되어 있다. 그래서 홍콩과 서울은 전 세계 메트로폴리탄 가운데 집값이 가장 높은 곳으로 꼽힌다.

그런데 싱가포르는 그렇지 않다. 주거가 안정되어 있다. 싱가포르의 주택 보급률은 110%가 넘고, 국민의 80%가 우리 식으로 말하자면 임대주택에 산다. 정부가 공급한 아파트다. 20% 미만의 부유층만이 민간주택을 사고판다. 정부가 공급하는 임대아파트는 월세가 저렴하다. 임대아파트 소유주는 땅까지 소유하는 지주가 아니다. 건물만 정부로부터 장기간 빌리는 거주권만 가지고 있다. 저렴한 월세를 내고 좋은 아파트에 살면서 자신의 장기 거주권을 향유하다가 이 권리를 평생 두 번 정부에 되팔 수 있다. 시장의 집값 상승분이 반영되지만 토지는 여전히 국가가 소유하고 있으니 정확히 말하자면 프리미엄이 붙은 건물에 대한 사용권만 정부에 되파는 것이다.

주거가 안정될 수밖에 없다. 대신 집으로 우리처럼 큰돈을 벌기는 어렵다. 갭투자는 상상도 하지 못한다. 토지 소유권이 대부분 국가에 있으니 민간인은 지가 상승분을 향유할 수 없다. 러시아나 중국, 동유럽 국가도 이런 시스템이다. 과거 공산주의 국가와 현재의 자본주의 국가를 구별하는 가장 손쉬운 방법이 이

것이다. 토지에 대한 민간의 소유권을 인정하는가, 하지 않는가.

싱가포르는 이런 측면에서는 공산주의에 가깝다. 그러나 아무도 싱가포르를 공산주의 국가라고 하지 않는다. 정치체제도 독재가 아니다. 굳이 표현하자면 권위주의 정부에 가깝다. 정치, 언론의 자유도가 한국에 비해 현저히 떨어지는 것은 사실이다. 그렇다고 싱가포르 국민이 권위주의, 사회주의 정부를 타도하자는 시위를 벌였다는 기사는 본 적이 없다. 싱가포르 국민은 이 시스템을 자연스럽게 받아들이며 만족하고 있다는 뜻이다. 왜? 원래부터 그랬으니까.

싱가포르는 1965년 영국으로부터 독립한 도시국가다. 싱가포르 정부는 토지를 국가가 소유하는 것이 도시 개발의 효율성을 높일 수 있다는 생각에 신생 국가로 독립하자마자 1966년 토지수용법을 제정했다. 국가가 성립하는 단계에서 토지를 민간으로부터 몽땅 사버린 것이다. 토지가 거의 다 정부 소유다. 나라가 세워질 때부터 그랬다. 이런 역사를 가진 나라에서는 토지 가격을 정부가 공적 목적에 맞게 제어할 수 있다. 국민의 저항도 당연히 없다.

그러나 한국이나 홍콩은? 토지의 사적 소유권이 처음부터 허용되었다. 앞에서 말했듯이 서울의 경우 수십 원짜리 땅이 10년 만에 1,000배가 뛰었다. 수십 년 만에 만 배, 십만 배가 뛰기도 했다. 그동안 수백, 수천 번 개인 간 거래가 이뤄졌다. 토지가 일종의 상품으로 인식됐고 이를 국가가 막지 않았으며, 오히려 특정 지역만 개발해서 땅값을 올리고, 그 차익으로 정치자금을 마련했다.

그런 역사를 가진 나라에서 50~60년 지나 갑자기 아파트로 돈 좀 벌고 싶다는 국민에게, "부동산 투자는 나쁜 것, 토지는 공적인 것"이라고 말하면 과연 설득될까? 불가능하다. 사람들은 수긍하지 못한다. 역사가 사람들에게 심어준 생각을 반도체 칩처럼 가볍게 뇌에서 꺼내 새로운 칩으로 대체하고 리부팅할 방법은 없다. 시간이 필요하다. 그것도 급격한 변화의 시간이. 그러나 많은 사람이 급변하는 미래를 원치 않는다. 어느 정도로 많은 사람이 그럴까? 한국의 유주택자 가구는 55%, 무주택자는 45%다.

제조업 사장보다 건물주

우리나라는 1986년 아시안게임 직후부터 3저 호황의 시기를 겪었고, IMF 직후부터 최근까지도 수출로 막대한 부를 축적했다. 99개월 연속 수출 흑자를 기록하기도 했다. IMF 외환위기와 같은 예외적 시기를 제외하면 거의 해마다 수십 년 동안 무역수지 흑자를 기록했다.

코로나19로 전 세계 180여 개국 92%의 나라가 경제성장률 마이너스를 기록하는 상황인데도 한국은행은 여전히 우리나라의 올해 성장률이 플러스일지도 모른다고 전망한다. 그렇게 될 것 같지는 않지만 중국을 제외하고는 그래도 가장 선방한 나라임에는 분명하다.

일본은 2차 세계대전부터 최근까지 근 100년 동안 무역수지 흑자를 기록했고, 한국은 1980년대 이후 근 40년 동안 무역수지 흑자를 기록했으며, 중국은 WTO 가입 이후 30년간 거대한 무역수지 흑자를 기록했다. 중국과 일본이라는 세계 최대 경제권에 가려 그 위세가 별 것 아닌 것 같지만, 한국의 재정은 매우 탄탄하다. 선진국 및 신흥국 모두와 비교해도, 어떤 기준을 갖다 대도 건강한 나라에 속한다. 외환보유고는 4,000억 달러를 넘고, 정부의 부채비율은 OECD 선진국 가운데 여전히 최저 수준이며, 700조 원의 국민연금은 앞으로도 한동안 늘기만 해 1000조 원을 돌파할 것이 확실하다.

경기는 매년 침체한다고 하지만 코로나19 이전 매년 해외여행객 수가 사상 최대를 기록했고, 그들이 해외에서 돈을 쓰는 액수도 매년 사상 최대치를 경신했다. 백화점 명품 매장은 줄을 서서 들어가고, 현대차 액센트는 사라졌지만 7,000만~8,000만 원짜리 제네시스는 지금 사려면 최소 6개월 이상 기다려야 한다. 과거 경차나 액세트가 팔렸던 수량만큼 대형 고급차가 팔리고 있다. 중고등 학생들까지 100만 원이 넘는 휴대폰을 당연하게 들고 다닌다.

이 돈은 대체 어디서 났을까? 기성세대가 번 자산이다. 무엇으로? 제조업 수출을 통해서. 그런데 그들이 지금 현장에서 은퇴하고 있다. 최근 10여 년 동안 상속세와 증여세 이슈가 신문에 자주 등장하는 이유도 이 때문이다. 단지 삼성전자 부회장만의 문제가 아니다. 상속은 모든 1세대 중소기업의 문제다. 제조업 현장에서 기름밥을 먹고 회사를 키워온 60대 공학도 아버지가 미국이나 유럽에서 MBA를 전공하고 온 자식에게 공장을 어떻게 물려줄 것인지의 문제는 생각보다 중대하다.

단지 세금의 문제가 아니다. 미국이나 유럽에서 MBA를 전공한 자식 세대는 공장에서 기름밥 먹으며 기술자나 노동자들과 함께 일할 마음이 없어 보인다. 아버지의 투박하게 큰 손과 회계 서류를 든 아들의 새하얀 손의 간극은 크다. 현장을 장악하지 못하면 공장은 돌아가지 못한다. 그런데 공장은 투박하게 큰 손이 필요하다. 재무제표 숫자만 본다고 장악되지 않는다. 귀하게 자란 사장님 아드님과 따님들이 서울에서 한참 떨어진 외진 공단 현장에서 노동자, 기술자들과 제조업 혁신의 꿈을 꿀까?

이들 상당수는 공장을 팔아치우고 금융이나 부동산으로 돈 버는 쪽을 선택할 확률이 높다. 미국이나 유럽에서 배운 게 이것이기 때문이다. 금융공학이 접목된, 사실은 대출을 낀 부동산 투자와 별반 다를 바 없지만, 그런 최신 기법의 투자가 적성에 더 맞다. 그래서 결국 부동산에 투자하는 것이다.

제조업 영업이익률이 잘해야 3~4% 선에 머무는 상황에서 부동산 임대를 통해 비슷한 수익률을 올릴 수 있다면, 게다가 정부가 최근까지도 임대사업자에게 세제 혜택까지 준 마당이었으니 이들이 업종 전환을 마다할 이유가 있겠는가? 아무리 계산해봐도 그들에게는 강남 아파트 재건축에 투자하거나 서울 요지의 건물주가 되는 편이 훨씬 합리적이다.

개발 네트워크

금융과 부동산, 건설업이 본격적으로 융합하기 시작한 것은 IMF 직후부터다. 이른바 선진 금융 기법 가운데 하나인 프로젝트 파이낸싱(Project Financing)이 도입됐고, 이를 위해 특수목적법인(SPC)이 만들어졌다. 정부도, 언론도 당시에는 이렇게 말했다. 도태하는 건설업을 살리기 위해 최신 금융 기법을 도입한다면 최고 품질의 아파트를 보다 싼 가격에 공급할 수 있게 될 것이라고 말이다.

강남 한복판의 아파트와 뉴욕 맨해튼, 싱가포르, 홍콩의 최고급 아파트를 비교해본 사람이라면 알겠지만 한국의 아파트의 품질은 결코 세계적이지 않다. 한국의 건설업계는 지난 수십 년 동안 정부의 보호 아래 손쉬운 집 장사만 해왔을 뿐 어떤 괄목할 만한 혁신도 보여주지 않았다. 설계나 감리 등 영업이익이 높은 분야에서 취약한 한국 건설업계가 안전하게 돈을 벌 수 있는 시장은 국내, 특히 서울과 수도권의 주택시장이었고, 정부와 업계는 늘 이 시장을 기업 편향적으로 운영해왔다. 소비자는 안중에도 없었다.

개인이 단독주택을 지을 때와 공동주택에 입주할 때를 비교해보라. 신용도가 높은 개인이라면 어지간한 대형 건설사보다 더 싸게 은행 대출을 받을 수 있다. 부채비율이 수백 퍼센트인 시공사를 끼고 짓는 아파트의 분양원가에는 이들 건설사의 취약한 재무구조가 그대로 반영된다. 은행은 이들 시공사의 부채 수준 등을 감안해서 금리를 책정한다. 성실히 일하고 빚 잘 갚아온 신용 1~2등급의 직장인보다 훨씬 더 높은 금리로 회사채를 발행해야 하는 대형 건설사가 수두룩하다.

금리만 그럴까? 개인이 단독주택을 짓는 경우 그 집에 들어가는 건축자재 등의 원가와 설계비, 각종 노임 등을 일일이 확인할 수 있지만, 공동주택 아파트는 거의 불가능하다. 게다가 정부나 지방자치단체가 운영했던 분양가심사위원회에 시공 건설사 관계자가 들어가는 경우도 있다. 이해 당사자가 들어가서 분양가 심사를 하는데 제대로 이루어질까? 지금은 감정평가원 관계자와 지방자치단체장이 임명하는 사람이 다수로 들어가지만, 역으로 말하면 이는 정부나 서울시 또는 자치구 장들의 정치적 성향에 따라 분양가 심사위 구성이 언제든 바뀔 수 있다는 말이 된다.

사실 아파트 수요자도 분양 원가에는 큰 관심이 없다. 아파트가 얼마나 충실히 지어졌는지가 중요한 문제가 아니기 때문이다. 어떤 재벌이, 어떤 브랜드가 어디에 지어서, 앞으로 시세차익이 얼마나 날 것인지가 가장 큰 관심사다. 아파트를 통해 주거 안정을 추구하기보다는 집값 오르면 팔고 떠나면 그만인 소비자 입장에서는 날림 공사로 집을 지었더라도 5억 원짜리 내 아파트가 몇 년 후 빨리 10억 원이 되는 게 중요하다. 그래서 건설사의 부실시공은 대개 쉬쉬하면서 넘어간다. 아파트 가격이 떨어진다는 입주민들의 우려 때문에.

이렇게 상품화된 아파트 시장을 '돈'이 가만 놔둘 리가 없다. 돈은 도는 것을 좋아한다. 유동화가 중요하다. 빨리 사고팔아 계속 돈이 회전해서 회전의 수익률이 지속적으로 창출될수록 좋다. 그런 의미에서 한국의 아파트 시장은 탁월하게 매력적인 시장이다.

대체 어느 정도 돈이 돌고 있을까? 한국 언론은 대부분 집 가진 유주택자, 더 정확히 말해 광고를 주는 건설업자 편이라서 아파트 시장에서 시공사 건설업과 시행사 지주들이 돈을 얼마나 어떻게 버는지에 대해서는 좀처럼 말하지 않는다. 늘 분양가를 규제해서 일반 분양을 받는 사람들이 '로또 아파트'를 차지하게 됐다며 비난만 할 따름이다.

서울의 1,000세대짜리 재건축 대상 아파트 단지를 부수고, 500세대를 더 지어 1,500세대의 새 아파트 단지를 조성한다고 생각해보자. 수익이 얼마나 날까?

정부는 이들이 500세대를 도심에 새로 공급해주는 대가로 용적률을 높여준다. 같은 땅에 더 높은 건물을 짓도록 허용해주는 것이다. 강남에서 5층짜리 아파트를 35층짜리 아파트로 높이고, 건폐율을 낮춰서 쾌적한 공간으로 만들면서 500세대를 일반 분양해 각 세대당 10억 원씩을 받는다면 개발이익이 5,000억 원이다. 1,000세대를 분양했다면 1조 원이다. 막대한 개발이익이 생긴다.

땅 주인, 즉 지주인 재건축 조합원은 재건축 전 과정에서 이 사실을 모두 공유한다. 지금까지 재건축이란 말하자면 헌 집 헐고 새집 지어 수조 원을 버는 사업에서 개발이익이 몽땅 일반 분양자의 분양가로부터 나오는 구조인 것이다. 그런데 언론은 분양가가 너무 싸다고, 로또 아파트로 분양하면 불공정하다고 외친다.

그런데 재건축 아파트 조합원들이 차지하는, 수천억 원에서 수조 원에 이르는 개발이익은 왜 꼭 몽땅 그들만의 것이 되어야 할까? 재건축을 허용할 때 정부가 용적률을 높여주지 않으면 그들은 자신들의 돈으로 아파트를 헐고 짓는 수밖에 없는데 말이다.

그러나 사람들은 대부분 한국 언론의 꾸준한 왜곡 덕분에 재건축 조합원들의 개발이익이 얼마나 공적 성격을 띠는지도 모르고, 그 이익이 얼마나 엄청난 규모인지도 이해하지 못하고 있다. 그냥 땅 주인이니까 당연히 차지해야 하는 몫이라고 생각한다. 반면 이른바 '로또 아파트'에 분양 당첨된 무주택 서민과 이를 방조해준 정부가 얄밉게도 지주들이 누려야 할 당연한 이익을 빼앗아 갔다고 느끼게 된다. 1,000세대당 통상 1조 원의 이익을 얻는 재건축 조합원들이 피해자로 둔갑하고, 무주택자들은 서로가 서로를 향해 삿대질하는 상황은 세계적으로도 독특하다.

2016년부터는 부동산 신탁회사도 수백조 원의 재건축 사업에 뛰어들었다. 부동산 신탁회사, 이들은 프로다. 프로가 보기에도 재건축 사업은 너무나 매력적이다. 재건축 아파트 가격은 사업 단계마다 오른다. 조합을 설립하고, 안전진단을 통과하고, 관리처분 인허가를 받고, 착공하여 완공하기까지 10년 안

꽉의 시간 동안 계속 가격이 사방으로 출렁거린다.

이런 재건축 아파트를 한때는 마음대로 사고팔 수 있게 해놓았으니 재건축 아파트 한 단지에서만도 매년 수천억 원의 돈이 수없이 돌게 되는 것이다. 돈이 더 빨리 돌려면 레버리지, 대출이 필수적이다. 부동산 신탁회사에는 그래서 전 재무부 장관, 금융감독원장, 부원장 출신들이 즐비하다.

대출을 받을 때도, 인허가를 받는 단계에서도, 정부로부터 각종 세제 혜택을 받을 때도 정부와의 공조 또는 도움이 필요하다. 국토부뿐만 아니라 기획재정부가 나서서 일을 처리해줘야 한다. 1930년대생 재무부 장관부터 최근 금융감독원장이나 부원장 등을 역임한 사람들까지 부동산 신탁회사에 고문이나 이사로 있는 이유다.

돈은 이렇게 끊임없이 촘촘한 네트워크를 구축한다. 연고주의가 만연한 나라에서 네트워크는 자주 부조리로 연결되지만, 그렇다고 그 부조리가 꼭 불법일 이유는 없다. 부조리는 국회의 입법 과정을 통해서, 행정부의 시행령을 통해서, 지방자치단체의 각종 심사를 통해서, 사법부의 재판을 통해서 '합법'이라는 이름으로 윤색되기 때문이다. 개발하지 않으면 성장할 수도 없다. 개발이 애국이라면 빈부격차나 양극화는 피할 수 없는 일인지도 모른다.

3장

왜 정부의 부동산 정책은
오락가락할까

정부의 쇼

2017년 문재인 정부가 출범한 이후 우리 국민은 한두 달에 한 번씩 정부 당국자들에게 이런 말을 들었다. 국토교통부 장관, 기획재정부 차관, 경제부총리, 대통령이 했던 말 가운데 공통되는 부분만 추려보면 다음과 같다.

"투기 억제를 위해 모든 수단을 강구하겠다."

"불로소득을 차단하겠다."

"부동산 투기로는 더 이상 돈을 벌 수 없을 것이다."

"주택공급량은 충분하다."

"부동산시장의 불로소득을 없애겠다."

"1주택자는 보호하겠다."

"아파트는 돈이 아니라 집이다."

"다주택 투기세력과의 전쟁."

요약하면 '투기세력' 및 '불로소득'과의 '전쟁' 선포다. 이들 표현을 보자면 집값 앙등의 원인을 단순히 투기세력의 발호에서 찾고 있는 듯하다. 하지만 집값 앙등의 원인은 다양하다. 최근 3년 동안 전 세계적으로 금리 인하 기조가 유지되었고, 이로 인해 수천조 원의 유동성 문제가 발생했으며, 소득 양극화로 고급 주택수요가 급증했다(앞서 언급한 액센트와 제네시스 사례를 연상하라). 거기다 면적 대비 인구가 넘쳐나는 서울에서 집값 폭등을 바라보는 중산층의 불안한 심리 등이 겹쳐 복합적으로 나타난 현상이다.

그런데도 문재인 정부는 임기 초기부터 단순히 투기세력만 발본색원하면 집값이 하락하고 서민들 주거가 안정될 것처럼 강조해왔다. 정부 논리대로 말하자면 시장은 다음과 같이 움직여야 한다. 투기세력, 즉 다주택자들의 매물이 나와야 한다. 이를 위해 정부는 이들에게 각종 세제 압력과 대출 규제를 가한다. 종합부동산세 등 보유세를 높이고 양도세도 점차 높이겠다고 하면 다주택자들은 매물을 내놓을 것이다. 매물이 시장에 나오면 하락 압력이 가중되고, 매도호가가 하락하면 실거래가가 하락한다. 실거래가가 하락하면 매수 대기자들, 잠재적 수요자들은 심리적 안정을 찾고 좀 더 싼 값에 나올 매물을 기다린다. 그리고 서울 수도권 아파트 가격은 점차 하향 안정된다.

이 시나리오가 예상대로 먹히지 않은 이유는 무엇일까? 정부 정책에 워낙 구멍이 많기도 하지만 정부가 부동산 문제를 너무 단순하게 일직선의 논리로 보기 때문이다. 아니, 정확히 말해 다주택자 투기세력만 때려잡으면 서울과 수도권 집값 문제가 해결될 것처럼 정치적 '쇼'를 벌이기 때문이다.

서울의 집값은 대부분 구조적이고 역사적이며 세계적인 문제로부터 비롯된다. 통제할 수 없는 변수들과 연계되어 있다. 정부도 알고 있고, 시장도 알고 있다. 시장의 투자자들은 바보가 아니다. 투기세력은 또 소수도 아니다. 다주택자만 투기세력이라고 생각하면 오산이다.

투자와 투기는 구분하기가 힘들다. 현재는 무주택자지만 2015년부터 유행한 갭투자를 통해 십여 차례 아파트를 사고팔아 5억 원의 양도차익을 얻은 현재의 무주택자는 투기꾼인가, 아니면 무주택 서민인가?

좀 횟수를 줄여서 최근 5년 동안 서너 차례 아파트를 사고팔아 10억 원의 양도차익을 얻었지만 지금은 무주택자라면 그는 투기꾼인가, 아니면 무주택 서민인가?

좀 더 횟수를 줄여서 최근 5년 동안 한두 차례 아파트를 사고팔아 2억 원의 양도차익만 얻었다면 그는 투기꾼인가, 아니면 무주택 서민인가?

서울에서 평당 분양가 1,000만 원을 최초로 돌파한 강남구 대치동 타워팰리스가 미분양되었을 때 샀다가 지금까지 타워팰리스에 거주하고 있는 1가구 1주택자가 30억 원의 평가차익을 보고 있다면, 그는 투기꾼인가?

IMF 직후 김대중 정부는 극심한 경기침체로 당시 미분양 아파트를 사면 양도세를 면제하는 혜택까지 주었다. 정부의 그런 방침에 따라 어떤 사람이 타워팰리스를 2000년대 초반에 사서 2007년 가장 시세가 좋을 때 팔아 실제 15억 원의 시세차익을 얻고 양도소득세를 내지 않았다면, 그의 행위는 사회적 비난의 대상이 되어야 할까?

보통 투자론에서는 은행 이자보다 훨씬 높은 수익을 바라고 단기적으로 매매하는 행위를 투기라고 정의하지만, 이 기준은 모호하기 그지없다. 그럼 어느 정도 장기투자해서 어느 정도 적은 수익을 목표로 해야 투기가 아닌 투자가 되는가? 1년에 5% 수익만을 목표로 해야 투기가 아닌 투자인가? 그러다가 운이 좋아서 50%를 벌었다면, 그때부터는 투기가 되는가?

무엇보다 정부가 집값 앙등의 주범으로 공격해온 '다주택자 투기세력'이 소유한 아파트가 전체 시장에서 차지하는 비중은 그다지 높지 않다. 통계청의 '2018년 주택소유통계' 자료에 따르면 전국에 주택을 소유한 개인은 1,401만 명인데, 이 가운데 주택을 한 채만 보유하고 있는 이들이 1,181만 8,000명이다. 대다수다. 두 채 이상 소유한 다주택자는 15.6%에 불과하다. 특히 주택 보유자 기준 1인당 평균 주택 수가 1.09호라는 사실을 감안하면 유주택자 대부분이 1가구 1주택자임을 알 수 있다.

이런 상황에서 정부가 '다주택자 투기세력'만을 집값 앙등의 원인으로 지목하고, 이들의 투기 행위를 저지하며, 이들이 매물을 내놓기만 하면 집값이 잡힐 것이라 주장한 건 패착이다. 틀렸다. 애당초 정책의 좌표가 잘못 찍힌 것이다. 집 많이 가진 사람들만 욕심을 부린 것이 아니라는 이야기다. 집 한 채를 가진 사람도, 무주택자도 욕심은 똑같다. 다주택자 투기세력이 시장의 불쏘시개 역할을 했을지언정 비슷한 욕심을 가진 다중이 존재한다. 이 다중은 집이 한 채 또는 어쩌다가 두 채가 된 사람들이거나, 또는 지금은 없지만 과거에는 집을 사고판 적이 있는 사람들이다.

국민 대다수의 욕망을 정부가 어떻게 제어할 수 있을까? 정부가 투기세력 뿌리 뽑아 집값 잡자는 주장을 정치적 구호로 이용하기 위해 그랬다면 '혹세무민'의 의도가 있었던 것이고, 정부가 정말 몰라서 투기세력만 뿌리 뽑으면 집값이 하락할 것이라고 믿었다면 '무능'한 것이다.

또 이런 식의 집값 안정 대책이 비판받아 마땅한 이유는 국민의 자연스러운 욕망을 죄악시하면서 이른바 '선수들'에게는 정부 부동산 정책의 한계만 고스란히 노정한다는 점이다. 정부는 엄포를 놓고, 시장의 진정한 투기세력은 정부 정책의 허점만을 찾아 대책을 농락하고, 서민들은 불안해하고, 서울과 수도권 일대의 아파트 가격은 급등했다. 정부는 '장기적으로 민생에 유익한 행정'보다는 '단기적으로 말발 서고 폼 나는 정치'에만 매진했다는 비판에서 결코 자유로울 수 없을 것이다.

전문가, 언론, 정치인의 쇼

문제는 이런 쇼를 정부만 하고 있는 게 아니라는 사실이다. 역사적이고 구조적이며 복합적이면서도 통제할 수 없는 국제적 변수들까지 얽혀 있는 부동산 문제를 단지 "공급을 하지 않아서", "재건축 규제를 풀지 않아서"라고 주장하는 욕심만 가득한 강남권의 재건축조합과, 건설사와 똑같은 논리로 그들의 이익을 대변해주면서도 그것이 마치 공익인 양 포장하는 야당 정치인과 상업 신문사도 정치적 쇼를 하고 있기는 매한가지다.

지금 당장 '공급 부족'이라는 검색어를 가지고 지난 십여 년간 얼마나 많은 기사, 연구 논문이 쏟아졌는지 인터넷 포털 사이트에서 한번 찾아보라. 공급은 늘 부족했다. 그래서 계속 공급을 해왔다. 서울에 아파트나 빌라 같은 공동주택의 숫자가 감소한 경우는 없다. 서울의 인구는 3년 전에 1,000만 명 이하로 감소했지만 주택공급은 지속적으로 증가했다.

서울에 주거 공간이 부족하지 않았던 적은 없다. 좁은 면적 대비 인구가 많다. 그런데 아파트 가격이 어떤 기간에는 떨어졌고 어떤 기간에는 치솟았다. 왜일까? 앞에서 이야기한 수많은 이유가 복합적으로 큰 파도와 잔 파도를 반복적으로 만들어왔기 때문이다. 똑같은 기업의 주가가 왜 어제는 올랐다가 오늘은 내리는지를 완벽히 설명할 수 있는 사람은 없다. 그건 마치 오늘 왠지 다운된 당신의 기분이 다음 주 수요일 갑자기 업될 것이라고 스스로 확언하는 일과도 같다.

이성적으로 생각해보면 누구나 안다. 작은 서울에 한 나라의 정치, 경제 자원과 인적, 물적 자원이 거의 모두 집중된 현 상황에서 서울의 집값을 단기에 풀 방법은 없다는 것을. 당장 풀 방법이 없고, 앞으로도 애매하고, 통제할 수 없는 국제적 변수 등에 묶여 있어 정치적으로 분노를 촉발하기 안성맞춤인 시국이다.

무엇보다 공급론자들이 한국 사회에서 이른바 '시장주의자'로 통칭되는 일은 매우 비극적이다. 대중을 상대로 전화 상담비 50만 원, 100만 원씩 받고 장사하면서 동시에 국가인수위원회에 참여해 정부의 국토개발 정책을 운운하는 사람이 있다. 그런 부류를 전문가라고 모시며 텔레비전이나 유튜브에 출연시켜 또다시 자사 돈벌이를 하는 언론사, 그런 돈벌이에도 만족하지 못해 직접 부동산 시행업이나 부동산 정보업에 뛰어든 언론사도 부지기수다. 스스로 건물과 주택을 자주 매매하고 서너 채를 소유하고 있으면서 대표적 '부동산 전문가'이자 '공급론자' 또는 '시장주의자'로 행세하며 정부의 공공임대 정책을 비판하는 짓은 파렴치한 일이다.

주식 애널리스트나 리서치 센터장은 주식 투자를 하지 못하도록 돼 있다. 은행이나 증권사에는 자체 준법감시체제(Compliance System)를 두고 있기 때문이다. 금감원이 감독도 한다. 규정을 어기고 증권사의 애널리스트나 리서치 센터장이 주식을 사고팔면서 시세를 조종하는 보고서를 썼다는 사실이 밝혀지면 증권사나 은행의 자체 신뢰가 무너진다. 여의도에서는 스캔들로 취급할 만한 큰 사고다.

그런데 한국의 부동산 투자 전문가 중에는 이런 도덕적 가치관과는 완전히 담쌓은 사람들이 많다. 자신의 사적 투자 이익과 공적인 시장 분석을 섞어버린다. 기상 전문가의 날씨 전망이 틀리든 맞든 내일 날씨가 기상 전문가의 예측이나 전망 때문에 변하지는 않는다. 그것은 자연의 뜻이다. 그러나 이들 투자 전문가들은 대중이 신뢰를 보이면 자신들의 분석이나 전망을 통해 부동산 시세를 조정할 수도 있다.

특정 부동산대학원에서 함께 조를 나눠 땅을 사러 다니는 교수나 대학원생들이 교수, 기자, 컨설턴트, 기업가의 이름으로 사회적 객관성을 확보하고 자신들의 사익을 은근슬쩍 추구하면서도 이것을 '시장주의'라고 치장한다면, 진정 시장에 대한 '모독'이다. 자본주의를 능욕하는 것이다. 그건 그저 담합이고 부패다.

게다가 전 세계 선진국 어디를 봐도 한국 상업 신문사처럼 이중적이면서 위선적으로 장사하는 곳은 없다. 부동산 광고와 광고성 기사, 부동산 기사가 거의 구별되지 않는다. 선진국의 언론사들은 언론과 장사를 섞어버리면 언론사의 장기적 신뢰도에 심대한 타격을 입기 때문에 이런 짓을 절대 하지 않는다. 부동산 광고는 광고란에, 기사는 기사란에 입력한다. 철저히 구분한다.

그런데 한국의 언론사는 아예 합작사(Joint Venture) 등의 형태로 부동산 관련 정보업 등에 직접 종사한다. 인테리어 광고에 나온 사람을 다음 날 신문사 인터뷰 기사에 등장시킨다. 신문사 인터뷰 기사에 서너 번 나온 사람이 알고 보니 그 신문사가 뽑은 올해의 리조트 회장이다. 그러면서 부동산 매매 활성화만이, 공급 확대만이 시장의 살길이라고 말한다면 그 언론의 이중성과 위선적 행태를 누가 믿겠는가 말이다.

분양가상한제나 '반값 공공임대 아파트' 등을 도입하면 당장에라도 아파트 가격이 잡힐 것처럼 이야기하는 경실련 등 시민단체의 주장도 단편적이다. 분양가상한제의 유무 때문에 아파트 가격이 오르거나 내리는 것이 아니다. 그건 매우 작은 요인이다. '반값 공공임대 아파트'는 국가가 땅을 소유하고 건물의 장기 임대 거주권을 임차인이 갖는다는 점에서 싱가포르와 비슷한 제도지만, 싱가포르처럼 처음 국가를 수립할 때 그런 제도를 시행하는 것과 우리처럼 100년 가까이 땅을 시장에서 거래해온 나라에서 같은 제도를 시행하는 것은 큰 차이를 보인다.

무엇보다 공공임대 아파트를 지을 국가 소유의 땅이 부족하다. 서울의 땅은 대부분 다 민간이 소유하고 있다. 게다가 지금 서울의 땅값은 매우 비싸다. 그런 비싼 땅을 정부가 예산으로 또는 국채나 주택금융공사채를 발행해서 사고, 이를 저리에 가난한 사람들이나 청년들에게 임대한다? 얼마나 많이 임대할 수 있을까? 무엇보다 그것이 서울 아파트의 가격 하락에 얼마나 도움이 될까?

아파트 부지를 확보하는 데도 많은 시간이 걸리고, 또 공공임대 아파트를 충분히 지어서 기존 아파트 시장에 영향을 줄 만

큼의 규모를 만드는 데도 상당한 시간이 필요하다. 그리고 시장에 충격을 줄 정도라면 정말 많이 지어야 한다. 서울 시내 아파트가 170만 채다. 한 채에 3억 원으로(가능할지 모르겠지만) 공공임대 아파트 1만 채를 지으려면 3조 원이 든다. 10만 채면 30조 원이다. 10만 채라고 해봐야 170만 채의 6%가 되지 않는다.

서울에서 한 해 공급되는 아파트가 4만 채 안팎임을 감안하면 3년치 공급량이다. 반값 공공임대 아파트 10만 채를 수십조 원 들여서 단계적으로 지을 수는 있다고 생각한다. 그러나 아주 오랜 시간이 흘러야 할 것이다. 아파트 가격이 떨어지는 어떤 정책도 반대하는 저 거대한 이익 동맹 세력(정치권, 언론, 관료, 유권자)의 위세를 감안한다면, 건설에 소요되는 물리적 시간의 두서너 배는 족히 될 치열한 논쟁과 합의의 시간이 더해져야 할 것이다.

그리고 나서도 그 10만 채의 물량이 전체 아파트의 6%에 불과하다면, 반값 공공임대 아파트가 서울의 아파트 가격을 하락시킬 수 있다고 장담하는 것은 무리다.

부동산에 대한 오해 1
그들은 서울 강남에 살고 있어서 집값을 올린 것일까?

정부도, 언론도, 정치권도, 전문가나 시민단체도 거시경제 정책 아래에서 부동산 정책 목표(집값을 천천히 하락시키면서도 거시경제는 계속 안정되게)에 대해 진지하게 논의하기보다는 당장의 정치적 쇼나 포퓰리즘 또는 개별적 사익에 더 열을 낸다. 그러다 보니 사회적 오해가 계속되고 소통이 힘들어지는 것도 심각한 문제다.

유독 이번 정부 들어 청와대 수석이나 비서관, 장차관 등 고위 관료들의 아파트가 서울 강남 3구에 많다는 뉴스 보도가 잦은데 이건 참 낯설다. 누가 서울 강남에 아파트를 소유했다고 해서 우리 언론이 그를 비난한 적이 있던가? 자본주의 사회에서 어떤 인물이 재산을 많이 가졌다고 해서 비난의 대상이 될 수는 없다. 불법도 아니다.

언론이 공직자 재산에 들이대야 할 잣대는 재산 '형성' 과정에서 탈법이나 불법이 있었는지 여부다. 재산이 많기 때문에, 강남에 집이 있기 때문에 비난한다면 이것은 일종의 인민재판이다. 결과의 차이를 인정하지 않는 것이다. 자본주의 시스템 자체를 부정하는 행위다. 그런데 언론이 이를 보도하고 있다. 그것도 상당히 많이. 사람들의 분노에 기생해 기사의 클릭 수를 늘려보겠다는 취지이거나 그 분노를 정치적으로 왜곡시키겠다는 저의가 깔려 있다.

그런 식이라면 강남구 삼성동 60억 상당의 저택에 살았으나 지금은 감옥에 갇혀 있는 전직 대통령이나, 그와 함께 일했던 강남구 개포동 현대 아파트를 소유한 당시 청와대 경제수석, 서초구 e편한세상 아파트를 소유했던 당시 경제부총리는 자신들의 집값을 올리기 위해 국민에게 "빚내서 집 사라"라고 그토록 종용한 것인가?

마찬가지다. 정부 관료, 정치인들 다수가 강남에 집을 갖고 있어서 집값을 올린다는 이야기는 상상이고 억측이다. 그런 역사나 구조가 엄존하는 것은 사실이지만 정부가 집값을 마음대로 올리거나 내리지는 못한다. 그러면 우리나라 경제는 시장경제가 아니라 공산주의 경제라는 뜻이 된다.

2008~2009년 미국의 금융위기 시절을 상기해보자. 이번 코로나19 사태 때도 마찬가지지만 경제위기가 닥칠 것이라는 신호가 감지되면 가장 먼저 주식시장이 반응한다. 그다음 금융시장이 몇 개월 동안 요동을 친다. 금융시장의 불안정성이 실물경제로 전이돼서 기업이 타격을 입고 실업률이 높아지면 부동산시장에도 영향을 미친다. 바닷가 절벽 위에서 하얀 포말을 일으키며 다가오는 파도 거품을 본 적이 있다면 알 것이다. 저 멀리서부터 하나씩 하나씩 순차적으로 다가온다. 꼭 오고야 만다. 그것이 얼마나 큰 파도가 될지는 매우 가까이 와야 확인할 수 있다. 이것이 인간의 한계다.

부동산에 대한 오해 2
서울 집값이 하락하지 않는다면 그때는 왜 하락했을까?

부동산시장은 위기 현상이 가장 늦게 나타난다. 2008~2009년 미국 금융위기 때도 마찬가지였다. 사람들은 서울 아파트, 특히 강남 아파트 가격이 한 번도 빠진 적 없이 쉼 없이 올랐다고 믿고 있지만 그렇지 않다. 매우 오랫동안 견디기 힘들 만큼 수

서울특별시 25개 자치구의 평균 매도호가(출처: 2008~2014년 부동산써브)

순위	자치구	2009년	2014년	가격변동	가격변동 비율
1	강남구	114,053	101,095	(12,958)	-11.36%
2	송파구	87,236	74,310	(12,926)	-14.82%
3	용산구	93,321	82,402	(10,910)	-11.69%
4	양천구	66,623	55,227	(10,396)	-15.84%
5	강동구	56,597	48,192	(8,405)	-14.85%
6	영등포구	55,326	48,836	(6,490)	-11.73%
7	서초구	108,872	103,284	(5,588)	-5.13%
8	광진구	64,693	59,539	(5,154)	-7.97%
9	중구	61,529	156,600	(4,929)	-18.01%
10	노원구	34,276	29,463	(4,813)	-14.04%
11	도봉구	34,050	29,260	(4,790)	-14.07%
12	강서구	43,320	38,741	(4,579)	-10.57%
13	강북구	36,953	32,886	(4,067)	-11.01%
14	성북구	42,329	38,371	(3,958)	-9.35%
15	동작구	52,936	49,475	(3,461)	-6.54%
16	구로구	37,976	34,675	(3,301)	-8.69%
17	관악구	40,322	37,270	(3,052)	-7.57%
18	중랑구	33,748	31,041	(2,707)	-8.02%
19	마포구	55,202	52,711	(2,491)	-4.51%
20	성동구	53,848	51,787	(2,061)	-3.83%
21	은평구	40,817	39,738	(1,079)	-2.64%
22	서대문구	38,550	37,544	(1,006)	-2.61%
23	금천구	30,674	29,719	(955)	-3.11%
24	종로구	54,644	53,821	(823)	-1.51%
25	동대문구	39,760	39,260	(500)	-1.26%

골든 크로스

억 원씩 하락한 기간이 있었다. 미국 금융위기가 일어나고 2년 쯤 뒤다. 당시 부동산써브(www.serve.co.kr) 자료를 바탕으로 서울 각 지역의 유명 아파트 단지의 매도호가 평균치를 분석해보면 확연해진다. 2008년 평균가 28억 원 정도였던 압구정동 신현대 11차 아파트는 이후 한두 번 반등하다가 지속적으로 떨어져서 2013년 평균가 21억 수준에 이르렀다. 2008년 평균가 대비 7억 원 정도가 떨어진 것이다.

당시 자료를 바탕으로 만든 왼쪽 표를 보면 2008년부터 2014년까지 송파구, 양천구, 강동구 등의 지역은 15% 안팎 하락했으며, 강남구, 용산구, 영등포구 등도 하락률이 10%를 넘은 것을 확인할 수 있다. 심지어 이 시기에 서울 25개 자치구 가운데 하락을 비껴간 곳은 단 한 곳도 없었다.

그런데 역설적으로 이 때 정부는 부동산 규제를 크게 완화하고 있었다. 2012년 6월 이명박 정부 임기의 마지막 해 초여름, 매일경제신문에 "MB정부 5년간 규제 다 풀었다…가장 성공한 정책은"이라는 기사가 실렸다.

이명박 정부 들어 투기과열지구 등이 해제됐고 재건축 규제가 완화됐으며, 종부세 기준이 하향 조정되었고 양도세와 취득세를 한시 감면했으며, 비과세 요건도 완화했고 분양권 전매제한도 풀었으며, 주택거래신고지역도 해제했다.

이명박 정부에서 추진했던 다주택자 양도세 중과 폐지는 박근혜 대통령 취임 직후인 2013년 4월 1일 부동산 대책으로 폐지됐고, 같은 날 박근혜 정부는 주택 구입자 양도세 한시 면

참여정부와 이명박 정부의 부동산정책 비교(매일경제신문)

참여정부(규제)	이명박 정부(완화)
투기과열지구 확대	투기과열지구, 투기지역 해제
재건축 규제 강화	재건축 규제 완화
실거래가 과세	종부세 기준 하향 조정
보유세 강화	양도세, 취득세 한시 감면
이익환수 투기방지	양도세 비과세 요건 완화
민간 분양가상한제	분양권 전매제한 완화
종부세 도입 및 강화	주택거래신고지역해제
총부채상환비율(DTI) 도입	다주택자 양도세 중과 폐지(추진)
청약가점제 시행	재건축초과이익 한시 유예(추진)

제, 수직 증축 리모델링 허용 등의 정책을 내놨다. 한시적으로 양도세를 면제하고 수직 증축 리모델링도 허용해주겠다는 파격적인 정책이었다.

이 정도로도 모자랐는지 2014년에는 7·24 정책을 통해 LTV(Loan To Value Ratio, 담보 인정 비율)와 DTI(Debt to Income, 총부채 상환 비율)를 상향 조정했고, 이어 9·1 대책에서는 재건축 연한을 40년에서 30년으로 줄여, 빨리 부수고 빨리 재건축하기 편하도록 유도했다. 민간택지 분양가상한제도 폐지해서 민간택지에 짓는 아파트 분양가가 한없이 높아질 수 있는 길을 터놨고, 이명박 정부에서 추진하다 마무리를 짓지 못한 재건축 초과이익환수 유예조치 등까지를 담은 '부동산 3법'도 국회에서 통과시켰다.

그러니까 기간으로 따지면 2008년 이명박 대통령 취임 이후부터 민간택지 분양가상한제 폐지와 재건축 초과이익환수 유예조치를 담은 2014년 말의 부동산 3법까지를 통과시키고 나서야, 2015년부터 6년 만에 강남 집값이 다시 꿈틀거린 것이다.

지금은 흔히 쓰는 '갭투자'라는 단어 자체가 언론에 오르내리기 시작한 것도 2015년부터다. 이후 몇 년 동안 서점가에는 갭투자 방법론을 다룬 책이 쏟아졌고, 전세가와 매매가의 차이를 이용한 갭투자가 부동산시장을 열풍처럼 휩쓸기 시작했다.

금리가 낮은 상황에서 이명박 정부와 박근혜 정부 내내 규제 완화 정책을 실시해서 은행 돈 쉽게 빌려 투자할 수 있는 환경을 조성해온 시점, 시장에 갭투자 열풍이 불기 시작해 집값이 앙등하기 시작하는 시점의 시차가 6년 정도다. 이는 곧 정부의 정책 때문에 당장 오늘과 내일의 집값이 어떻게 됐다고 말하는 일은 어리석다는 것을 알려준다. 미국 금융위기 이후 최근 10여 년 동안의 서울 아파트 가격은 2010년부터 2014년까지 하락했고, 2015년부터 상승하기 시작했다. 특히 2017년 이후 폭등했다. 반면 정부의 정책은 하락기에는 주로 규제 완화 쪽으로, 폭등기에는 주로 규제 강화 쪽으로 진행되었다. 이 사실을 통해 우리가 확인할 수 있는 것은 두 가지다.

1. 정부의 부동산 정책과 시장의 곡선은 수년 동안 반대로 갈 수 있다.
2. 정부의 정책이 한두 달 안에 효과를 보는 경우는 없다.

그런데도 우리는 여전히 정부 정책이 발표되기만 하면 하루 만에 매도물량이 자취를 감췄다든가, 매도호가가 2억 원 떨어졌다는가 하는 언론 기사를 그대로 믿어버린다. 이건 미신 행위다.

부동산에 대한 오해 3
내 집 내가 새로 짓겠다는데 정부가 왜…?

내가 아는 한 지인은 경기도 용인 수지에 대형 아파트를 소유하고 있다. 60평이 족히 넘는다. 몇 년 전 5억 원에 샀는데 지금은 6억 5,000만 원이라고 한다. 서울 아파트 가격 오른 것에 비하면 올랐다고 말하기도 힘들지만, 이들 가족은 아주 만족하며 거주한다. 아파트가 넓고 쾌적하다. 2000년대 초반에 지어졌지만 리모델링해서 새집 같다. 인테리어 비용만 5,000만 원이 들었단다.

이 가정처럼 낡은 아파트를 새집처럼 단장해서 쾌적하고 럭셔리하게 살아보겠다는 의지를 정부가 막을 권한은 없다. 이들의 자유다. 자기 돈을 들여서 자기 집을 고치는데 어떻게 정부가 배 놔라, 감 놔라 할 수 있겠는가? 이처럼 낡은 아파트에 입주해서 새로 리모델링을 하는 경우와 재건축의 차이는 무엇일까? 차이는 다음과 같다.

1. 내가 내 집에 내 돈으로 인테리어를 새롭게 한다. → 리모델링
2. 내가 내 집을 남의 돈으로 새로 짓는다. → 재건축

큰 차이다. 재건축이란 정부더러 내가 내 땅에 내 집 짓겠다는데 왜 간섭하느냐고 쉽게 따질 수 있는 사업이 아니다. 재건축은 정부가 허용해주는 각종 혜택의 패키지다. 낡은 아파트를 소유했다는 이유만으로 재건축 조합원들은 큰 혜택을 받는다.

정부는 재건축 시 용적률을 높여준다. 기존 5층이나 10층짜리 아파트를 35층으로 높여 지을 수 있도록 한다. 낡은 아파트의 소유주들은 3년 정도의 이주 기간을 거쳐 가끔 녹물이 나오기도 했던 자신의 아파트가 호텔처럼 변한 모습을 목도하는 짜릿한 경험을 한다. 게다가 새집을 지었는데도 오히려 돈이 남았다며 거액을 돌려받기도 한다.

10여 년 전 반포주공아파트를 6억 원 수준에서 매입했던 한 지인은 지금 최소 25억 원을 호가하는 아파트에서 거주하고 있고, 재건축이 끝난 뒤 2억 원 정도를 또 돌려받았다고 한다. 6억 원이 거의 다섯 배로 불어난 셈이다. 그런데 지인이 한 일은? 없다. 그저 반포의 오래된 낡은 아파트를 산 것뿐이다.

그렇다면 이 엄청난 수익은 대체 무엇을 통해 이뤄지는 것일까? 일반 분양을 통해서다. 기존 5층짜리 아파트 1,000세대를 부수고 35층짜리 아파트 1,500세대로 재건축하면 500세대가 남는다. 500세대를 평균 10억 원에만 판다고 가정하면 5,000억 원이다. 땅값이 계속 오르고 분양가상한제도 없어서 시세대로 20억 원에 일반 분양한다면 1조 원이다. 작고 낡은 헌집 주고, 넓고 쾌적한 새집 받고, 1조 원의 수익은 일부 나눠 가지고, 건설회사에 잔금 치르고, 금융이자 내고, 꿩 먹고 알 먹고,

도랑 치고 가재 잡는다.

그런데 정부는 왜 이렇게 낡은 도심 아파트 재건축에 큰 특혜를 주는 것일까? 도시 및 주거환경정비법에 정의된 재건축은 "노후, 불량 건축물을 효율적으로 개량하기 위해 필요한 사항을 규정함으로써 도시 환경을 개선하고 주거 생활을 높이는 데 이바지함을 목적으로 한다"라고 되어 있다. 도시 환경 개선이 목적이다.

그러나 정부가 특정 집단에게 이런 혜택을 주고 아무런 공적 반대급부도 받지 않는다면 그건 진짜 특혜가 된다. 그럴 이유가 없다. 정부로서는 이들 아파트의 주거 환경을 개선할 수 있도록 용적률을 높이는 등의 특혜성 인허가를 해주는 대신 재건축조합은 도심에 새로운 아파트를 공급한다.

1,000세대가 1,500세대가 되면 500세대가 늘어나는 것이다. 그렇게 정부는 도심에 부족한 아파트 공급량을 보존하고 민간은 자신의 이익을 챙긴다. 도심 아파트 재건축은 그래서 정부와 땅 주인인 재건축조합의 합의 또는 타협일 수밖에 없다. 정부가 민간 재건축조합의 이익을 다 뺏겠다고 할 수도 없고, 재건축조합이 내 집을 내가 새로 짓는 것이니 정부는 특혜만 주고 규제는 하지 말라고 외치는 것도 철면피 같은 짓이다.

정부의 규제 강도는 아파트 가격이 침체했을 때는 이완됐다가, 아파트 가격이 과열됐을 때는 강화된다. 이는 IMF 직후 김대중 정부의 다양한 부동산 규제 완화 정책을 상기해본다면 꼭 정부의 이념적 성향과도 관련이 없다.

사실 정치권이나 언론이 극단적으로 대비시켜서 그렇지 박근혜 정부 4년 동안의 최저임금 상승률이나 문재인 정부의 최저임금 상승률은 큰 차이가 나지 않는다. 박근혜 정부 7.4%, 문재인 정부 7.7%다. 0.3% 차이로 진보와 보수가 나뉘어 아웅거린 일이 얼마나 우스운가 말이다. 한국 정부의 부동산 정책은 세계 경제의 여건, 부동산 가격의 앙등이나 급락에 따라 온탕과 냉탕을 오갈 수밖에 없다.

4장

일상화된 경제위기,
어떻게 생존하고 번영할 것인가

왜 집값이 안 잡힐까

그럼에도 최근 아파트 가격 앙등의 '책임'은 정부가 져야 한다. 그래야 민주주의다. 특히 행정부와 입법부를 장악한 이번 정부는 더욱 그렇다. 그런데 어떻게 책임질 것인가? 단순하다. 정권을 바꾸면 된다. 다른 정당에 투표하면 된다. 그러나 중요한 것은 정권이 바뀐다고 해서 바로 아파트 가격이 떨어지지 않는다는 점이다.

만약 지금 정부와는 전혀 다른 방법으로 재건축 규제를 완화하고, 대출 규제를 풀고, 용적률을 대거 높여주고, 재건축에 따른 이익은 회수하지 않은 채 재건축 아파트 주민들이 100% 누리게 한다면, 아파트 가격이 떨어질까? 재건축 수익률을 극대화해서 수십억 원 하는 서울 아파트의 공급량을 늘리면 아파트 가격이 떨어질까? 언제? 얼마나 지어야? 오히려 재건축 아파트 투자로 시세차익을 올린 사람들이 다른 재건축 아파트 사냥에 나서서 또 다른 재건축 아파트 시세가 상승할 가능성이 크다. 뭉칫돈과 대출을 낀 자금이 부동산시장에서 떠나지 않을 것이다. 수익은 욕심을 낳고, 욕심은 탐욕을 낳는 게 자본주의 아닌가?

이렇게 되면 가계부채가 폭증하고 부동산 버블이 더욱 커져서 언젠가 한국 경제 자체가 일시에 붕괴하는 부작용을 낳을 수 있다. 걱정스럽다. 마땅한 방법이 없는 것 같다. 정부가 경제를 침체시키지 않으면서 서울과 수도권의 아파트 가격을 하락시킬 수 있는 묘안은 정말 없는 것일까?

1가구 1주택자들에게도 양도세를 한시적으로 인하해야 한다. 지금까지 문재인 정부의 부동산 정책은 한마디로 "기다려달라"로 요약할 수 있다. 앞으로 3기 신도시 등 가능한 모든 수단을 동원해서 임대주택도 짓고 하겠으니 지금 당장 공급이 부족하더라도 좀 기다려달라. 앞으로 가격이 안정될 테니 잠재적 수요자들은 서둘러 집 사지 말고 좀 기다려달라.

그래서 대출도 규제하고 보유세도 강화했다. 진입 장벽을 높게 쌓았다. 유동성이 넘쳐흘러 돈은 많은데 가장 쉬운 먹잇감이었던 서울 아파트 시장의 진입 장벽이 높아졌다. 먹잇감이 저 높은 곳에 매달려 있으니 먹고 싶은 사람들은 더 욕심이 난다. '왜 나는 저걸 먹고 싶은데 저렇게 높은 곳에 매달아두었냐'며 껑충껑충 뛰며 안간힘을 쓴다. 시장 심리가 조급해진다.

이런 심리를 다스려야 한다. 공급은 저 멀리 미래에 있고, 당장의 수요는(투기심리로 인한 것이든 실수요든) 아주 가까이에 있다. 정부가 단기간 시장에 공급 물량을 늘리면서도 가격하락을 유도할 수 있는 방법은 양도세를 한시적으로 인하하는 방법뿐이다. 다주택 투기세력뿐만 아니라 집을 팔려는 모든 사람, 1가구 1주택자까지를 포함해서 말이다.

지금 매도자들은 눈치를 보고 있다. 부동산 가격이 폭등한 상황이다. 서울 아파트 시장의 바로미터라고 할 수 있는 서울 서초구 반포 래미안퍼스티지 112제곱미터(34평)의 경우, 문재인 정부 출범 이전 18억 원 수준이었던 매도호가가 2년 만에 30억 원까지 치솟았다가 지금은 26억 원 선에서 거래되고 있다. 현 시세라 하더라도 8억 원이 올랐다. 3년 만에. 기록적인 상승이다.

가격은 많이 올랐는데, 사실 매수자는 많지 않다. 정부가 다가구 주택 소유자든 무주택자든 15억 원 이상을 초과하는 주택에 대해서는 한 푼도 대출하지 말라고 규제하고 있기 때문이다. 들어갈 문이 좁아지고 나오는 문이 넓어지면 고기들은 넓은 문을 통해서 많이 나온다.

정부가 양도세를 한시적으로 1~2년간 인하하겠다고 하면 매도물량이 급증할 것이다. 양도세 인하분만큼 집값을 깎아주는 유주택자가 생겨날 것이고, 그 숫자가 많아지면 많아질수록 가격 하락의 선순환이 이뤄질 것이다. 물량이 물량을 부르고, 시장에 갑자기 쏟아진 물량은 심리적 안정을 부른다.

그러나 좁아진 입구 때문에 어지간해서는 수십억 원의 서울 아파트를 사겠다고 나서는 사람이 많지 않다. 15억 원 이상의 아파트는 대출 규제가 있어서 현찰로 사야 한다. 정부가 당초 그렇게 대출을 규제하니 강남의 현금 부자들이 '줍줍'할 것이라고 언론은 말했지만, 방금 이야기한 것처럼 서울 아파트 시장의 바로미터가 되는 강남 아파트가 2019년 고점을 과감히 뚫지 못하고 있다. 수지 타산이 맞지 않기 때문이다.

문제는 가격이다

구조와 역사만 보면 서울의 집값은 결코 떨어지지 않을 것 같다. 도대체 떨어뜨릴 방법이 없어 보인다. 그런데 어떻게 2010년부터 2014년까지 5년 동안에는 서울 아파트와 수도권 핵심 지역은 그렇게 큰 폭으로 하락했던 것일까? 대규모로 공급해서? 그렇지 않다. 당시에도 건설산업연구원 연구원들이나 부동산대학원의 교수들은 서울과 수도권의 아파트 공급이 부족하다고 주장했었다. 공급이 부족해도 5년 동안 가격이 하락했고, 지금도 공급이 부족한데 가격은 급상승하고 있다. 공급이 부족해서 집값이 상승했다면 집값은 시차를 두지 않고 계속 상승해야만 했다.

왜 2010년부터 2014년까지 집값이 하락했는지 살펴보자.

첫째, 2008~2009년 금융위기가 시차를 두고 한국 부동산 시장에 영향을 미치기 시작했다.

둘째, 정부의 부양책이 계속됐지만 한번 떨어진 가격에 사람들의 매수 심리가 급격히 위축됐다.

셋째, 무엇보다 노무현 정부 때 급등한 가격 때문이다. 소득은 미미하게 증가하는데 자산 가격은 수십 퍼센트씩 상승하니 시장이 가격에 부담을 느끼기 시작하는 시점이 온 것이다.

높으면 떨어지고, 낮으면 올라간다. 급격히 올라가면 급격히 떨어지는 경우가 많고, 반대의 경우도 그렇다. 자본주의의 자연 정화작용이다.

지금 상황은 어떤가? 정부가 순차적으로 대출을 규제하고 재건축을 규제하고 보유세를 강화하고 양도세도 높이기 시작하면서, 지금부터 주택을 사는 사람들은 비용에 대한 부담, 높아진 가격에 대한 부담, 대출을 사용할 수 없는 부담을 모두 떠안아야 한다. 3중고다.

보통 한국인들은 자산 가운데 부동산 비중이 80%나 되어서 대출을 이용한 자기자본 수익률 계산이 철저하지 않은데, 부자들일수록 금융자산의 비중이 높아서 50억 원 이상 소유한 부자들은 자산의 50% 정도를 현금 또는 그 등가물로 가지고 있다.

지금 10년 이내의 반포 112제곱미터(34평) 신축 아파트를 30억 원에 사서 5년을 실거주한다고 하더라도 높아진 보유세, 취등록세, 중개수수료, 양도세 등을 감안하면 적어도 40억 원은 돼야 대략 20%, 6억 원 정도의 수익을 기대할 수 있다는 이야기다. 5년에 20%면 1년에 4%다. 이것도 실거주한다는 전제다. 자기 집이 있는 부자가 그냥 생짜로 부동산 투자를 하겠다고 하면 양도세가 70% 안팎으로 나온다. 보유세 내고 나면 절대 남는 것이 없다.

사람의 심리는 바람처럼 변화무쌍하다. 코로나19가 들이닥쳤을 때 마스크 품귀 현상을 돌이켜보라. 하루에 1,000만 장 생산한다는 마스크의 재고가 부족해서 정부가 배급제를 실시하겠다고 하니 새벽부터 길게 줄을 서는 진풍경이 펼쳐졌다. 마스크 품귀 현상이 벌어지면서 마스크를 사재기하는 업자들이 속출했지만, 지금은 그런 현상을 찾아보기 힘들다. 한국의 인구는 5,000만 명, 아이 등을 제외한다고 해도 4,000만 명이다. 지금 마스크가 매일 4,000만 장 생산되는 것도 아닌데 마스크가 부족하다는 말은 들리지 않는다.

주택시장도 똑같다. 지금은 마치 서울 사는 모든 사람이 집을 사야 가격이 안정될 것 같은 분위기지만 전 세계 선진국 어디에도 자가보유율이 100%에 이른 곳은 없다. 우리보다 소득수준이 두 배나 높은 미국도 64%, 영국, 프랑스 등 유럽도 자가보유율이 64%대며, 일본 역시 61%에 불과하다.

2018년 기준 우리나라 전체를 놓고 따져보면 자가보유율은 이미 61%고 수도권도 54%대다. 은퇴를 준비하기 시작하는 50대 이상 가운데 집을 살 여력이 되는 중상층 이상 대부분은 이미 집을 샀다고 봐야 한다. 30대가 최근 2년 동안 100조 원이 넘는 대출을 통해 집 구매에 동참한 속도를 본다면 앞으로 매물이 나와도 집을 사줄 사람들이 시장에 얼마나 있을지가 미지수다.

한국의 하위 20% 가구의 월평균 소득은 130만 원대에 불과하다. 인구의 20%는 현재 서울 집값을 결코 감당할 수 없다.

그 위 20%는 평균 300만 원, 그 위의 위 20%는 평균 420만 원이다. 전체 인구의 하위 60% 가운데 그래도 가장 돈을 많이 번다는 계층, 3분위 가구들의 평균 월소득 420만 원을 한 푼도 쓰지 않고 저축한다고 해도 서울 아파트 평균 가격 10억 원에 도달하려면 20년 가까이 걸린다.

〈설국열차〉의 영원한 엔진이 의미하는 것

봉준호 감독의 영화 〈설국열차〉에서 각 칸은 계층별로 나뉜 자본주의의 적나라한 현실을 상징한다. 영화 속에서 꼬리 칸의 사람들이 앞 칸으로 진입하려면 투쟁과 살육을 불사해야 한다. 그렇게 어렵사리 맨 앞의 엔진 칸에 도달해서 그들이 발견한 진실은 무엇이었던가?

열차의 엔진이 계속 작동하려면 비좁은 엔진룸에서 일할 수 있는 작은 아이가 필요했다. 아이는 엔진룸보다 커서는 안 된다. 굶어 죽을 정도로 허약해서도 안 된다. 적당히 먹고 적당히 작아야 계속 설국열차의 엔진을 돌릴 수 있다. 이 설국열차의 엔진 이름이 '영원한 엔진'이다. 그렇다면 이 '영원한 엔진'을 돌아가게 만드는 것은 영원히 돌아가는 엔진인가, 적당히 작은 아이인가?

자본주의에서 기업은 영원히 지속 가능한 대상(Going concern)으로 전제된다. 그래야 기업의 값어치를 계산할 수 있다. 지금처럼 계속 번다면, 앞으로 5%씩 더 성장한다면, 이 패턴이 지금처럼 영속된다면 어떻게 될까? 영화 속 아이는 몸이 자라나면 다른 아이로 대체되어야 한다.

무한정 찍어내는 미국 달러의 가치는 누가 지탱시키고 있는가? 한없이 오르기만 하는 서울 아파트의 가치는 누가 계속 지탱시켜줄 것인가? 미국의 저금리는 무한정 지속될 수밖에 없는가? 미국의 경기가 반등해서 금리를 올린다고 할 때 한국은행은 금리를 올리지 않고 버틸 수 있을까?

한국의 합계출산율(가임여성 한 명당 평생 낳을 것이라고 예상되는 자녀의 수)이 1명 이하로 떨어졌다. 30대는 영혼까지 끌어모아 집을 산다고 한다. 20대는 현재의 집값에 결혼조차 엄두를 못 낸다. 이들 20대와 그 이후 세대가 결혼을 하고 가정을 꾸리는 10년 이후의 시점이 되면, 좀 사는 집에서 태어난 지금의 20대는 양가 부모로부터 집을 두 채씩 물려받는 첫 세대가 될 것이다.

보통의 일반 직장인은 한번 집을 사면 10년쯤 후에 판다. 그래서 지금 집을 사고 싶다면 10년 후 파는 시점을 상상해보라. 또 스스로 물어보라. 내가 진정 원하는 게 주거 안정인가, 아니면 주택 매매를 통해 얻게 될 시세차익인가?

경제위기는 거의 해마다 존재했다. 지난 10여 년을 돌이켜보자. 세계 경제에서 위기는 일상적이었다. 거의 매해 위기였다. 2008~2009년에는 미국이 금융위기를 겪었고, 2010년에는 그리스가 국가 부도 사태에 직면했다. 2011년에 미 재무부 채권이 디폴팅 사태 직전까지 가면서 미국이 다시 진짜 국가 부도 사태에 빠지는 게 아닌가 하는 우려가 터져 나왔고, 2012년에는 유로존이 붕괴 위기에 몰렸다는 보도가 잇달아 나왔다. 2013년에는 미국 경기가 좀 좋아졌지만, 미 연준위의 금리 인상에 대한 우려가 세계 경제에 먹구름을 드리웠다. 2014년에도 급격한 금리 인상에 대한 우려가 지속됐으며, 미국이 시리아 내전에 개입하면서 중동 정세마저 뒤숭숭해졌다.

2015년에는 중국 상해지수가 폭락했고, 이에 따라 중국 정부가 위안화 가치를 인위적으로 평가절하했다. 2016년에는 북한이 새해 벽두부터 4차 핵실험을 했고, 미국 사드가 배치돼서 중국 한한령이 떨어졌으며, 중국 관광객이 급감했다. 2017년에는 대우조선해양 파산설로 한국에 '4월 위기설'이 휘몰아쳤고, 2018년부터 2019년까지는 미중 무역 전쟁과 브렉시트로 세계 경제가 위기라고들 했으며, 2020년 올해에는 코로나19가 전 세계 92%의 나라를 마이너스 성장으로 몰아넣고 있다.

놀라운 것은 이 수많은 경제위기에도 세계 자본주의는 결코 몰락하지 않았다는 점이다. 미국 S&P500지수가 이 와중에도 사상 최고치를 꾸준히 갱신할 수 있었던 이유는 딱 하나다. 이른바 팡(FANG)으로 불리는 구글, 아마존 등의 혁신 기업들의 영업이익이 꾸준히 최고치를 기록했기 때문이다. 영업이익이 증가하면 주가는 결국 오른다. 시장을 독과점하면 영업이익이 증가하고, 영업이익이 증가하면 이익잉여금이 많아지고, 이익잉여금이 많아지면 배당을 많이 주거나 재투자를 통해 독과점을 더욱더 강화하고, 또는 기발행된 주식을 회삿돈으로 매입해서 소각해버린다.

기업의 수익은 오르는데 기업이 발행한 주식 수가 줄어들면 어떻게 될까? 기업의 수익이 오르면 그 기업의 주식을 찾는 매수자들이 많아진다. 그런데 기업의 주식 수, 공급이 줄면 기업의 주가가 폭등하게 되는 것은 당연하다.

그런데 여기에도 함정이 있다. 그렇게 돈 많이 벌어서 잉여금이 남는다고 이를 주주들에게 다 나눠주고 난 뒤 그 기업이 코로나19와 같은 사태로 어려움에 처하면 정부가 이들 기업을 국민 세금으로 구제해줘야 할까? 클린턴 행정부 때 노동부 장관을 역임한 로버트 라이시 UC 버클리 대학 교수는 이런 상황을 이렇게 꼬집었다.

"미국에서 가장 큰 항공사들이 지난 10년 동안 잉여 현금의 96%를 자사주 매입에 써서 임원진 보너스가 대폭 인상되도록 하고, 주가를 부양시켜 소수 주주들만 배불려왔는데… 그들은 이제 납세자들에게 60조 원을 들여서 그들을 구제해달라고 한다. 늘 이런 식이다"(로버트 라이시 교수의 트위터에서, 2020년 3월 17일).

자본주의는 망하지 않는다

자본주의는 늘 이런 방식으로 영속해왔다. 미국도 그랬고, 한국도 그럴 것이다. 과도한 부채를 통해 매출량을 높이는 데만 혈안이었던 한국의 기업도 1997년 IMF 구제금융을 요청한 이후부터 수익성을 강조하기 시작했다. 매출보다는 이익을 중시하는 기업들이 등장하기 시작했다. 배당 성향을 전반적으로 높여온 것도 최근 10년간의 일이다. 자사주를 매입해서 주주의 가치를 제고하기 시작한 것도 오래되지 않았다. 그런데 이런 기업들 가운데 국내 또는 국제 독과점 수익을 향유하는 기업들이 몇 몇 있다.

거의 모든 산업이 3~5개 정도의 독과점 기업들로 재편되면서 산업의 성장 여력이 아직 남아 있는 기업은 거의 매년 최고의 영업이익을 경신해왔다. 이들 독과점 기업들의 지속 성장을 막을 권력은 국내에 존재하지 않는다. 겉보기에는 언론에 의해 어떻게 보일지 몰라도 속내는 철저히 소수 대기업 중심이다. 정부가 추진하는 사업에 대기업 재벌이 끼지 않으면 정부가 불안해하는 지경이다. 중소기업 제품을 애용하자고 하지만, 정부 관료든 공기업이든 중소기업이든 구매부가 무언가 안정적인 납품처를 원하거나 윗사람에게 지적당하지 않을 물품을 사려할 때는 글로벌 대기업 제품과 계약을 체결한다.

매 정부마다 경제가 어렵다고 민관합동기금 같은 것이라도 만들라고 치면 기업의 손을 빌려야 한다. 정부의 산업정책은 삼성전자와 현대자동차의 미래 전략과 일치해야 한다. 그렇게 된 지 오래다. 누가 닭이고 누가 달걀인지는 정부 보도자료 시점과 관련 대기업 홍보자료의 선후 관계만 따지면 된다.

현대자동차의 수소전기차 목표 수치에 따라 정부의 운송산업 스마트화 전략이 좌지우지된다. 당연하다. 현대자동차가 없다면 정부의 목표치는 애당초 현실적 근거가 없기 때문이다. 그래서 정부의 보도자료는 구호에 가깝고, 대기업의 홍보자료는 비전에 가깝다. 독과점으로 산업이 재편된 20년 전부터 이미 권력은 시장이 아니라 대기업 재벌에 넘어가 있다.

이런 상황에서 중소기업에 다니는 90%의 노동자(한국 직장인의 90%는 중소기업에, 10%는 대기업에 재직한다)가 10%의 대기업을 적대시하면서 "그곳에는 투자하지 않을 거야, 독과점이니까"라고 한다면, 바보 같은 짓이다. "미국은 패권국이니까 나는 달러를 쓰지 않을 거야"라고 말하는 것과 비슷하다. 개인이 어떻게 할 수 있는 구조가 아니다. 국가도 어떻게 하지 못하는 구조다.

그러니 본인의 재테크를 위해서는 세계적 플랫폼 기업들, 독과점 기업들을 중심으로 투자하는 것이 좋다. 구조는 오랫동안 변하지 않을 것이다. 구글은 이미 세계 포털 시장의 70% 정도를 점유했다. 국내는 다행히(?) 네이버가 독과점하고 있다. 메모리 반도체는 삼성전자가, CPU는 인텔이, 전기차는 테슬라가, 컴퓨터 OS는 마이크로소프트가, 온라인 상거래는 아마존이, SNS는 페이스북이, 카드는 비자카드가 독과점한다.

관성의 법칙으로 〈설국열차〉의 궤도는 유지될 것이다. 소수지만 이런 독과점 기업들은 훌륭한 배당정책을 지속적으로 실시할 것이다. 소비자들은 독과점 기업들의 제품과 서비스에 오랫동안 편안함을 느낄 것이고, 소비자들이 편안하게 독과점 기업 안으로 들어와 스스로의 방문을 걸어 잠근 상황이 지속하

는 한 독과점 기업들의 독과점적 지위는 더 커지면 커지지 줄어
들지는 않을 것이다.

전제는 하나다. 독과점 기업들의 제품과 서비스를 사줄 소
비자(노동자, 직장인, 시민, 유권자)가 증가하거나 최소한 유지되
어야 한다는 것이다. 이때 상품이나 서비스의 가격이 얼마인지
가 중요하다. 소비자들의 소득이 어느 정도인지가 중요하다. 가
격에 상응하는 실체는 반드시 존재해야 한다. 그렇지 않으면 가
격은 거품이다.

소득 대비 가격이 중요하다

사람값이 올라가고, 상품값이 안정되며, 땅값이 떨어지고, 투자
비용이 줄어들면 생산이 증대되고, 소비가 증가하며, 경제가 성
장하고, 자본주의는 행복하다. 그러나 최근 10여 년간 미국 금
융위기 직후부터 코로나19가 유행하고 있는 2020년에 이르기
까지 세계 자본주의가 가리키는 방향은 대체로 반대였다.

사람값은 정체되고, 상품값은 하향으로 지지부진, 땅값은
폭등하고, 투자 기회가 사라졌다. 그래도 또 중국이 생산하고,
온라인 매장에서 가격 비교로 상품값이 경쟁하고, 상품값이 떨
어지니 다시 사람값이 떨어져서, 버는 사람은 더 벌고 못 버는
사람은 연명하는 수준으로 자본주의의 틀이 바뀌었다.

미국은 지난 10년 동안 비약적인 경제성장률을 기록했다.
그런데 임금소득이 정체되고 코로나19 사태가 닥치면서 실업

자들이 쏟아지니 미국인 40%가 가용 현금 400달러가 없어서 스스로 대처할 방법이 마땅치 않다는 사실이 의회에서 폭로됐다. 이 와중에도 애플이라는 단 하나의 미국 회사 시가총액이 한국의 1년치 GDP 1,900조 원을 앞질러버렸다.

당위적으로는 사람값이 오르고 자산값은 좀 내려가도 좋으련만, 돈은 가치나 도덕을 향해 나아가지 않는다. 또 한국처럼 개방된 경제에서 돈을 도덕적 가치에 맞게 쓰라고 강요하기도 어렵다. 전 세계 인류가 모두 한날한시에 그렇게 하기로 약속하지 않고는 이 도도한 돈의 흐름을 한국인의 고결하고 순결한 도덕주의로 막아서기는 불가능하다.

그렇다고 수출로 먹고사는 나라가 개방경제, 자유무역을 포기할 수는 없다. 자본주의의 거의 모든 것이 돈의 힘으로 움직인다. 돈값은 달러에 따라 움직이고, 달러의 총량은 미국 연방준비위원회가 결정한다. 이것이 현실이다.

코로나19로 사람의 이동, 상품의 이동은 제한될지라도 돈의 이동은 결코 제한을 받지 않을 것이다. 바이러스는 사람을 숙주 삼아 먹고살지, 돈을 숙주로 삼지 않기 때문이다. 바이러스 프리존(Virus Freezone)은 돈 시장, 금융시장밖에 남지 않을 것이다. 그러나 사람들이 바이러스 때문에 대부분 죽어버린다면 돈이 무슨 소용이 있겠는가?

실물경제가 뒷받침되지 않는 자산시장의 버블은 아무리 생각해도 마뜩하지 않다. 심기가 불편해진다. 가치에 맞지 않는다. 그럼에도 당위와 현실이 유리되어 있다면 개인투자자는 당연히 현실에 순응해야 한다. 사회적으로는 독과점 기업의 횡포를 비판하겠지만, 개인 재테크 측면에서는 독과점 기업에 투자해야 안전하다. 위선적이다. 어쩔 수 없다. 현실은 늘 모순투성이다.

현실은 비선형(non-linear)인데 인간의 머릿속 논리는 선형적(linear)이다. 선형적인 논리가 현실을 풀어 해석할 수는 있겠지만, 그것이 현실이 되기는 어렵다. 논리는 가공된 현실일 뿐 현실이 아니다. 아무리 지금의 현실을 동결시켜 단면으로 쪼개보려고 해도 그렇게 할 수 없다. 시간을 동결시킬 수 없기 때문이다. 게다가 현실은 시간의 흐름에 따라 끊임없이 변화한다.

그렇다면 과연 투자를 하라는 것인가, 말라는 것인가? 모순적이지만 진심으로 말한다. 투자하라. 고민해서 하라. 냉철한 머리로 투자하고, 따뜻한 마음으로 살라.

자본주의에 근본적인 대책이라는 것이 존재했던 적은 없다. 과열된 경기와 침울한 침체. 탐욕과 공포 사이의 변주곡 바깥으로 〈설국열차〉처럼 자본주의가 완전히 탈선했던 적은 없다. 자본주의는 자신을 물처럼 갖가지 형태로 변형시키며 존재해왔다. 근본적인 대책 없이 그저 현실로 존재해온 것, 이것이 자본주의의 가장 큰 장점이다.

우리는 1997년 IMF와 미국 재무부의 처방대로 혹독한 구조조정을 거쳐 사람들을 길거리로 내몰고 은행들까지 문을 닫게 했지만, 20여 년이 지난 지금은 망할 것 같은 국가나 회사의 채권을 각국이 직접 나서서 사주고 있다. 누구도 비난하지 않는다. 경기 순환주기나 간헐적 경제위기가 없는 자본주의는 없고, 경제위기가 없었던 자본주의 역사도 존재하지 않는다. 떨어지면 올랐고, 과열됐다가 꺼졌다.

그래서 공포의 시기가 지나면 또 탐욕의 시기가 올 것이다. 공포의 시기에는 욕망을 제어하지 말아야 하고, 욕망의 시기에는 소심해져야 한다. 멈추지 않고 끊임없이 유연하게 적응하면서 자신이 흘러갈 길을 찾는 물처럼 투자하자. 이것이 개인이 생존하고 번영할 유일한 길이다.

가장 중요한 것은 가격이다. 그러나 값, 가치에 대한 인간의 기준은 다 제각각이다. 그래서 영국의 경제학자 존 메이너스 케인스는 그의 저서 《고용, 이자, 화폐에 관한 일반 이론(The General Theory of Employment, Interest and Money)》에서 "주식시장에 투자하는 것은 미인대회에서 누가 우승할 것인가를 알아맞히는 것과 같다"라고 말했다. 미인대회에서 누가 우승할지를 내가 예측했다고 해서 남도 나와 똑같이 생각할 것이라고 믿는 일은 어리석다. 부동산도, 주식도, 그 어떤 자산도 마찬가지다. 내가 샀다고 꼭 오르리라는 보장은 없다. 가격이 오르려면 남도 함께 찍어줘야 한다. 자산 값에도 공감은 필요하다. 그래서 투자할 때 가장 중요한 질문은 "이것이 맞는 가격인가?"이다. 시장의 가격은 자주 공정하지 않다.

2부

팬데믹 시대의
자산 투자
어떻게 할 것인가:

부동산과 주식을
중심으로

부동산 투자와 주식 투자는 공통점이 존재한다. 두 시장은 항상 변화하며, 투자 시 수익률이 가장 중요하다는 점이다.

투자시장은 되먹임 현상과 심리가 영향을 주면서 계속 변화한다. 영원히 가격이 오르는 주식도, 불황이 끝도 없이 지속되는 부동산도 없다. 가격이 내리면 누군가 투자하기 위해서 사고 가격이 상승하면 수익을 실현하기 위해 매도물량이 증가할 수 있다.

투자 성과의 핵심은 수익률이다. 투자 금액이 커질수록 수익률은 낮아도 된다는 이야기를 많이 한다. 예를 들어 강남 아파트가 20억 원으로 상승한 경우 조금만 올라도 절대 수익 금액이 커진다. 따라서 수익률이 낮아져도 투자로서 장점을 충분히 가지고 있다고들 생각한다. 그러나 리스크를 감안하면 투자에서 수익률이 가장 중요한 투자 기준이 되어야 한다. 절대 금액이 큰 경우에 상승하면 수익 금액도 커지지만 하락할 때에는 손실 금액도 커진다. 반면 고정된 수익률 관점에서 접근하면 리스크 또한 제어할 수 있다. 절대 금액이 커질수록 가격 금액이 올라도 수익률은 하락하기 때문에 투자 전략을 바꿀 수 있다.

투자 목적이 수익률이고 시장은 변화하기 때문에 가장 좋은 투자 방법은 가격이 하락할 때 수익률이 높을 것이라고 예상되는 대상에 투자하는 것이다. 결국 부동산과 주식 투자는 언제(when)와 무엇(what)이 핵심이다. 언제와 무엇은 부동산과 주식 투자의 공통점이지만 투자 대상의 특성에 따라 중요도가 달라진다.

5장

부동산 투자, 무엇(what)보다 언제(when)가 중요하다

분노 매수와 냉정한 매도

부동산 투자를 이야기할 때는 주로 아파트를 다룬다. 여러 부동산 가운데 아파트를 주되게 다루는 이유는 상품 유형이 유사하고 거래가 빈번하기 때문이다. 아파트는 대부분 비슷하다. 그래서 평가와 비교가 가능하다. 또한 토지, 단독주택, 상가보다 거래가 많이 일어나서 투자 상품으로서 분석도 가능하다. 개별 상품 특성이 다르고 거래가 자주 발생하지 않으면 분석 대상으로 삼기 힘들다. 토지와 단독주택 등이 부동산 투자 대상으로 분석하기에 적합하지 않은 이유다.

2020년 6월, 한국감정원 통계에 따르면 아파트 매매 건수는 10만 2,482호로 2006년 11월 이후 역대 최고치를 기록했다. 부동산 가격이 급등하고 정부 규제가 강화되는 상황에서 갑자기 매수가 증가한 것은 특이한 현상이었다. 누가 이렇게 아파트를 많이 샀을까? 매입자를 연령대별로 구분해보니 흥미로운 점이 발견됐다. 과거 대비 30대의 아파트 매수가 크게 증가한 것이다. 30대가 아파트 시장의 주요 매수 연령층이 된 이유는 분노에 있다(anger buying).

국토교통부 주거실태조사에 따르면 최근 4년 내 주택을 마련한 가구주 연령은 평균 42.8세로 최근 들어 주택 구입 연령 세대가 늦어지고 있었다. 주택가격이 상승하면서 구입 연령이 늦어지는 것은 당연한 결과다. 그런데 최근에는 30대를 중심으로 구입 연령대가 오히려 빨라진 것이다. 이유는 세대별 부동산 비중에서 찾을 수 있다.

30세부터 39세까지 연령층은 주택 보유가 가능한 다른 세대와 비교하여 부동산 자산이 가장 적다. 2019년 가계금융복지조사결과(통계청)에 따르면 30대가 보유한 전체 자산 중 부동산이 차지하는 비중은 61%로 30대 이상 연령 세대 중 가장 낮다. 부동산 자산이 적기 때문에 최근 부동산 가격 상승 시기에 가장 소외되고 위기를 느낀 세대였다.

집값 상승으로 세대 간 자산 불평등이 확대되고 있는 상황에서 정부는 강력한 대출 규제 정책(2019년 12·16 부동산 대책)을 들고나왔다. 30대는 순자산이 적기 때문에 대부분 대출을 통해 주택을 매수할 수밖에 없다. 따라서 현 정부의 대출 규제 정책이 30대를 더욱 화나게 만든 것이다. 주거와 부의 사다리를 걷어찼다며 분노했다. 불가피하게 30대는 두 가지 선택을 하게 된다. 우선 순자산의 상당 부분을 차지하는 전세금을 활용했다.

골든 크로스

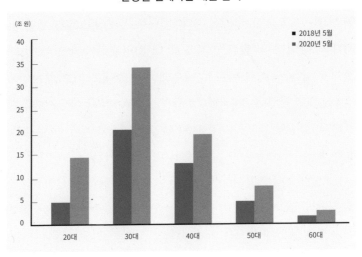

연령별 전세자금 대출 금액

(조 원)

■ 2018년 5월
■ 2020년 5월

30대 전세자금 대출이 급증했다.

2020년 1월부터 5월까지 30대 시중은행 전세자금 대출은 약 3조 원 증가하여 40대 1조 원, 50대 0.5조 원 대비 크게 증가한다. 전세금이 크게 상승하지 않은 상황에서 증가한 전세자금 대출은 대부분 주택 매입 자금으로 쓰였다. 현재 살고 있는 전세를 담보로 해서 주택을 매입한 것이다. 문제는 매입한 주택에 또 누군가 전세를 살고 있다는 점이다. 2020년 5월 서울 갭투자 (전세를 끼고 주택 매입) 비율은 52.4%, 강남 72.7%를 기록하여 역대 최고치를 기록했다.

또 다른 방법은 대출이 가능한 아파트를 매입하는 것이다. 2020년 상반기 아파트 매매 거래를 살펴보면 노원구가 1,374호를 기록하여 과거 대비 크게 증가했다. 노원구 아파트 평균 거래가격은 5억 원으로 서울 전체 지역에서 상대적으로 평균 가격대가 낮았다. 아파트 가격대로 대출이 달라지자 30대는 대출이 가능한 중저가 아파트 매수에 집중했다(12·16 대책에서 가격대별 대출 규제가 시행되었다. 서울의 경우 15억 원 이상은 대출 불가, 9억 원 이상은 9억 원 초과분에 LTV 20% 적용, 9억 원 이하는 LTV 40% 적용).

2020년 상반기, 부동산 자산 비중이 가장 낮은 30대는 대출을 적극 일으키면서 아파트 매수에 나섰다. 중요한 것은 30대 매수가 부동산시장에서 어떤 변화를 의미하느냐는 점이다. 30대가 분노로 아파트를 매수하는 가운데 집을 파는 사람들이 있었다. 거래 주체별 아파트 매매 현황을 보면 2019년 말부터 법인 매도물량이 증가하기 시작한다. 이전에는 매월 1,600건 정도 법인에서 개인으로 매도가 일어났으나 2019년 12월부터 2020년 6월까지 월평균 3,422건으로 급증했다. 부동산 법인은 철저히 투자 목적으로 아파트를 매수하는 주체다. 그런데 투자자들이 매도물량을 증가시켰다는 사실은 어떤 의미일까? 법인은 부동산 투자의 선수라고 할 수 있다. 선수들은 2019년 말부터 정부 규제가 강화되자 가격 상승이 충분하다고 판단하여 서서히 매물을 증가시키고 있는 것이다(cold sell).

분노해서 마음 급한 수요는 증가하는 반면에 선수들은 시장을 빠져나가고 있다. 자산시장이 변곡점에 도달했을 때 새로운 수요가 증가하고 오랫동안 시장에 참여했던 투자자들은 시장을 빠져나간다. 30대의 아파트 매입 증가는 한국 부동산시장의 변화가 다가오고 있음을 의미한다.

통계자료가 만들어지지 않아 연령대별로 구별할 수는 없지만 2006년 하반기에도 최근과 유사한 현상이 나타났다. 2006년 11월 아파트 매매거래량은 전국 기준 11만 8,000호로 역대 최고치를 기록했다. 2006년 11월은 2000년 초부터 이어진 한국 부동산 가격 상승이 고점을 찍은 순간이었다. 이후 6년 이상 집값은 하락했고 젊은 하우스 푸어가 양산되었다.

부동산 가격, 왜 올랐는지가 중요하다

자산시장의 변동 원인은 다양하다. 부동산시장도 마찬가지다. 금리, 정책, 소득, 인구, 심리 등 많은 원인이 시장 변화를 일으킨다. 수많은 변화 요인으로 가격이 움직인다. 가격이 결과다. 그러나 투자를 위한 미래를 예측해야 할 때는 가격이 출발점이 되어야 한다. 가격을 기준으로 시장을 전망해야 한다. 시장 예측뿐만 아니라 투자자에게도 가격은 무엇보다 중요한 조건이다. 너무 비싸게 매입한 투자는 나쁜 투자이며 충분히 싸게 매입한 자산은 언제나 좋은 투자다. 성공하는 투자는 좋은 자산을 사는 데 있지 않고 자산을 싸게 잘 사는 데 있다. 가장 오래되고 가장 단순한 투자 제1원칙은 바로 '싸게 사서 비싸게 팔라'다.

시장 변화와 투자를 이야기할 때 출발점은 항상 가격이어야 한다. 가격의 수준을 이야기해야 한다. 그렇다면 가격이 싸다/비싸다는 무엇을 기준으로 어떻게 구분하는가?

일반적으로 주식 투자에서는 가치와 가격을 비교하라고 말한다. 주식 투자에서 가치를 계산하는 방법은 기본적 분석과 기술적 분석이 있다. 기본적 분석은 회사가 보유하고 있는 유형 자산과 창출해낼 수 있는 현금을 추정하여 계산한다. 구체적으로 기업이 보유한 유형자산 및 예상 현금 창출을 합산한 가치와 현재 거래되고 있는 가격(주가)을 비교한다. 그러나 미래를 추정하기가 쉽지 않고, 분석하거나 투자할 때 주관적인 편향이 개입될 수 있다. 주가가 오를 것 같은 회사의 실적 추정은 좋아지기 마련이다.

기술적 분석은 과거 주가 동향이나 유사한 사업을 하는 회사 등을 비교하여 가치를 계산해내는 방법이다. 기술적 분석을 통해 미래 주가를 예측하여 투자를 결정하는 방식이다. 그러나 과거 변화에 기반한 기술적 분석은 적절한 투자 방법이 아니다. 과거가 미래를 결정할 수 없을 뿐만 아니라 기본적 분석과 마찬가지로 미래 예측에는 항상 오류가 발생하기 때문이다.

현재 거래되고 있는 아파트 가격이 적정한지는 어떻게 평가할 수 있을까? 물론 부동산의 가치를 계산해낼 수 있다. 또는 과거 흐름을 통해 비교 평가할 수 있다. 그러나 주식 가치의 계산처럼 미래 예측이라는 한계를 가지고 있다. 따라서 다른 방법을 사용해야 한다.

가격은 시장에서 수요와 공급에 따라서 결정된다. 그렇다면 네 가지 조합이 만들어진다. 수요 증가와 공급 증가, 수요 증가와 공급 감소, 수요 감소와 공급 증가, 수요 감소와 공급 감소다. 직관적으로 이해한다면 수요 증가와 공급 증가 그리고 수요 감소와 공급 감소, 두 가지 경우는 가격 변화를 쉽게 예측할 수 없다. 수요가 증가하는 만큼 공급이 증가한다면 가격이 상승할지, 하락할지 판단하기 쉽지 않기 때문이다. 수요 감소와 공급 감소도 마찬가지다. 반면 수요 증가와 공급 감소, 수요 감소와 공급 증가는 가격 결과를 쉽게 예측할 수 있다. 수요가 증가할 때 공급이 감소하면 가격은 상승하게 된다. 반면 수요가 줄어들 때 공급이 많아지면 가격 하락은 불가피하다. 정상적인 시장을 예상할 때 피할 수 없는 가격 결정이다.

수요와 공급에 따른 가격 변화를 고려할 때 가격이 가장 많이 상승하는 조건은 수요가 늘어나는데 공급이 감소하는 경우다. 반면 수요가 감소하는데 공급이 늘어나는 경우에는 가격 하락이 다른 조건보다 빠르게 일어날 가능성이 크다. 결국 투자 관점에서 가격을 판단할 때 수요 증가와 공급 감소 시점에는 가격이 상대적으로 고점일 가능성이 크다. 반면 수요가 줄어들고 있는데 공급이 증가하면 가격이 낮은 구간일 가능성이 있다. 현재 거래가격에 대한 적정성을 이야기할 때 수요와 공급이 현재 어떤 상황인지를 파악해야 하는 이유다.

현재 가격이 수요와 공급의 증감 중 어떤 요소로 인해 변화했는지는 거래량으로 파악할 수 있다. 가격이 상승하는 가운데 거래량이 감소한다면 수요 증가와 함께 공급 감소가 시장 변화 이유다. 가격이 하락하는 상황에서 거래량이 증가하면 수요 감소와 공급 증가가 가격을 하락시킨 이유다. 즉 거래량을 통해서 시장가격이 어떤 수준인지 판단할 수 있다.

최근 몇 년간 서울 아파트를 중심으로 가격 상승세가 가팔랐다. 아파트 실거래 단위가격을 기준으로 서울은 2013년 5억 원에서 2020년 상반기 9.7억 원으로 상승했다. 경기는 2013년 2.7억 원에서 4.2억 원으로 56% 상승했다. 최근 정부와 시민단체가 몇 프로 상승했는지로 논쟁을 벌였다. 그러나 얼마나 올랐는지는 중요하지 않다. 투자를 위해 미래를 전망할 때는 왜 올랐는지가 중요하다.

최근 집값이 상승한 이유는 수요가 증가하고 공급이 감소했기 때문이다. 이렇게 단정하는 이유는 가격이 상승하면서 거래량이 감소했기 때문이다. 가격이 상승할 때 거래량이 증가했다면 수요가 증가하는 가운데 공급도 같이 증가했을 가능성이 크다. 서울 아파트 단위당 가격과 거래량을 살펴보면 가격이 상승하는 가운데 2016년부터 거래량이 줄어들기 시작한다. 공급이 감소하면서 가격이 상승한 것이다. 그렇다면 말한 대로 공급이 감소하고 수요가 늘어나면서 가격이 상승했으니 2016년 주택가격이 고점이었는가? 이후에도 가격이 지속 상승했다. 이유는 무엇이었을까? 답하려면 먼저 주택가격을 결정하는 수요와 공급의 독특한 특성을 알아야 한다.

투자에서 가격은 가장 중요한 출발점이자 종착지다. 가격이 어느 수준인지를 파악해야 한다. 가격이 투자하기에 적정한지를 판단할 때는 단순히 가격만 파악해서는 어렵다. 현재 가격이 어떻게 형성되었는지가 더욱 중요하다. 수요 증가와 공급 감소로 가격이 상승하는 경우에는 고평가되어 있을 가능성이 크다. 반대로 공급 증가와 수요 감소로 가격이 하락하는 경우에는 저평가되어 있을 가능성이 존재한다.

부동산시장의 수요와 공급 관계

아파트 가격을 결정하는 수요와 공급에 대해 명확히 규정할 필요가 있다. 일반적으로 주택수요라고 할 때 인구, 가구수, 소득 등을 이야기한다. 인구가 증가하면 수요가 확대되고 가구수가 감소하면 수요는 줄어든다. 소득이 증가하면 당연히 주택수요는 증가할 수 있다. 정말 그럴까?

물론 장기로 보면 주택수요는 인구, 가구수에 따라서 결정된다고 볼 수 있다. 그러나 단기 가격 변화는 인구나 가구수에 따라 움직이지 않는다. 아파트 실거래가격이 신고된 2006년 이후 지금까지 시장 변화를 보면 주택수요는 매년 변화했다. 어느해 증가하던 수요가 다음 해에 감소했다. 인구나 가구수는 매년 변화하지 않는 추세적 성격을 띤다. 그렇다면 왜 가격에 영향을 주는 주택수요는 매년 변화했을까?

이유는 주택가격을 결정하는 수요가 가구수나 소득이 아닌 투자나 투기로 인한 수요이기 때문이다. 집값을 움직이는 수요가 투자나 투기 수요이기 때문에 매년 변화할 수 있다. 사람들은 금리가 내려가면 수요가 증가해서 가격이 상승한다고 한다. 금리가 하락한다고 해서 내 집에 살고 싶은 사람이 갑자기 증가하지는 않는다. 내 집에 살고 싶은 수요는 언제나 존재하고 크게 변화하지 않는다. 금리가 내려가면 단지 대출을 통해 투자하려는 수요가 증가할 뿐이다. 30대가 집을 갑자기 사는 이유도 살 집이 없어서가 아니라 주택가격이 지속 상승하면서 투자목적의 수요가 증가했기 때문이다. 지금이라도 사지 않으면 돈을 벌 수 없을 것 같다는 걱정이 거주를 떠나 개발 호재가 있는 노후 아파트나 빌라로 수요를 끌어당기고 있다.

가격 변화를 일으키는 공급 특성도 알아야 한다. 주택공급을 말할 때 대부분 아파트 분양이나 입주 또는 아파트 입주량을 이야기한다. 또한 주택보급률과 같은 아파트 총량을 공급으로 규정하기도 한다. 최근 시장에서 가장 많이 우려하는 것은 향후 아파트 입주량 감소다. 사람들은 공급이 감소할 것이라면서 아파트 매수에 열을 올리고 있다. 그러나 단기 주택가격을 결정하는 주택공급은 새로 지은 주택 또는 전체 주택의 양이 아니다.

주택가격이 상승할 때마다 언론과 전문가들은 그 원인을 공급 부족에서 쉽게 찾는다. 아파트가 부족해서 가격이 오르고 있다는 논리다. 따라서 '집값을 낮추는 유일한 방법은 주택공급(신축) 확대'라고 주장한다. 맞는 말일 수 있다. 그러나 의문을 가져본다. 언제 한번 집이 충분한 적이 있었던가? 집은 얼마나 공급되어야 충분하다고 말할 수 있을까? 근본적으로 해결할 수 없는 문제, 항상 같았던 문제는 현재 일어나고 있는 변화 요인이 절대 될 수 없다.

2017년 국제유가가 급등했다. 유가가 상승한 이유는 산유국의 석유 매장량이 갑자기 감소했기 때문이 아니다. 사우디아라비아를 중심으로 산유국들이 가격 하락에 대응하기 위해 생산량을 줄였기 때문이다. 생산량 감소는 유가 상승의 결정적인 이유다. 단기 가격 형성에 영향을 미치는 것은 총량(매장량)이 아니라 거래 물량(산출량, 생산량)이다. 주택시장도 마찬가지다.

주택가격에 직접 영향을 미치는 공급은 매도물량이다. 시장에 매도할 의사를 가지고 내놓는 물량이 공급이다. 즉 기존 주택 보유자의 매도물량이 주택가격 변화에 직접 영향을 준다. 다주택자를 중심으로 해서 시장에 내놓은 물량이 주택공급을 결정한다. 명확해졌다. 주택가격을 결정하는 수요는 투자와 투기 수요다. 공급은 집을 보유한 사람들이 내놓는 시장 매물로 결정된다.

2010년 이후 서울 아파트 거래가격과 거래량 변동을 보면 시장을 움직이는 수요와 공급을 검증할 수 있다. 2013년부터 2015년까지 가격이 상승하면서 거래량이 증가했다. 시장에 수요가 증가했다는 결론이 가능하다. 수요가 증가한 이유는 전세가격이 상승하고 부동산 규제 완화로 대출이 증가하면서 투자 수요가 늘어났기 때문이다. 반면 2016년부터 2019년까지 가격이 상승하면서 거래량이 감소했다. 공급 감소가 가격 상승 이유다. 주택공급이 감소한 원인은 주택 보유자들이 시장에 매도물량을 감소시켰기 때문이다. 근거는 거래회전율에서 찾을 수 있다. 거래회전율은 실거래가격이 공개된 단지의 세대수 총합에

서울 아파트 실거래가격과 거래량 변동

연도	매매 가격(만 원)	전세 가격(만 원)	자기 자본(만 원)	가격 변동	가격 변동률	거래 건수	거래 변동	가격	거래량	변동 원인	ROE(%)	거래 회전율(%)
2010	53,236	24,004	29,232	-580	-110%	48,695	-32,102	하락	감소	수요 감소	-0.02	3.8
2011	51,924	25,434	26,490	-1,312	-2.50%	61,340	12,645	하락	증가	공급 증가	-0.05	4.7
2012	48,786	26,538	22,248	-3,138	-6.00%	46,230	-15,110	하락	감소	수요 감소	-0.14	3.4
2013	49,591	29,840	19,751	805	1.70%	78,128	31,898	상승	증가	수요 증가	0.04	5.6
2014	51,469	31,887	19,582	1,878	3.80%	97,909	19,781	상승	증가	수요 증가	0.10	6.9
2015	56,131	37,290	18,841	4,662	9.10%	131,530	33,621	상승	증가	수요 증가	0.25	9.5
2016	61,083	39,332	21,751	4,952	8.80%	123,696	-7,834	상승	감소	공급 감소	0.23	8.6
2017	69,534	41,816	27,719	8,451	13.80%	119,676	-4,020	상승	감소	공급 감소	0.30	8
2018	81,994	42,665	39,329	12,460	17.90%	91,672	-28,004	상승	감소	공급 감소	0.32	5.8
2019	94,078	44,265	49,813	12,084	14.70%	84,585	-7,087	상승	감소	공급 감소	0.24	4.9

서울 아파트 실거래가격과 거래량 변동을 통해 시장 변동 원인을 파악할 수 있다.

서 실제 거래 건수가 차지하는 비율이다. 2016년부터 거래회전율이 떨어지는 건 시장에 매물이 감소해서 나타나는 현상이다.

수요 변화가 시장의 변곡점을 만든다

새집 선호도가 높기 때문에 주택가격이 상승한다는 이야기를 많이 한다. 사람들이 새집을 좋아하는데 신규 주택이 부족하니 집값이 오를 수밖에 없다는 이야기다. 그러나 새집 선호가 가격 상승의 원인이라는 이야기는 근거가 없을 뿐만 아니라 애매하고 모호하다. 변화를 이야기할 때는 예전과 달라진 점을 이야기해야 한다. 사람들이 새집을 원하는 현상은 최근에 갑자기 일어난 일이 아니다. 사람들은 언제나 새집을 원한다. 항상 존재했던 새집 선호가 현재 시장 변화를 일으키는 이유가 될 수 없다.

수요 변동이 가격 변화를 일으킨다. 수요는 투자 및 투기 수요 변동에 따라 달라진다. 가구, 인구수, 소득으로 대변되는 실수요는 추세적 성격을 띠기 때문에 특별한 상황이 일어나지 않는 한 단기 가격을 변화시키는 이유가 될 수 없다. 지속적으로 감소하는 인구가 갑자기 증가하지 않는다. 물론 인구수가 단기 변동 원인이 될 수도 있다. 예를 들어 이민자가 급증하면 실수요가 증가하여 가격이 상승할 수 있다. 오랫동안 안정적인 가격을 유지했던 독일의 주택가격이 최근 급등한 예를 보자. 여러 가지 원인이 있을 수 있으나 인구 증가가 중요한 원인이었다. 적극적인 이민 확대 정책으로 외국 시민권자가 지속 증가했기 때문이다.

2014년부터 서울과 수도권 아파트 가격이 상승하면서 거래량이 증가했다. 거래량이 증가하면서 가격이 상승할 경우에는 수요 증가가 원인이다. 수요가 증가한 가장 직접적인 원인은 대출 규제 완화와 전세 가격 상승이다. 대출 규제가 완화되면서 투자 수요가 증가하기 시작했다. 집값은 하락하는데 전세 가격이 상승하면서 갭투자 수요가 늘어나기 시작했다. 서울 아파트의 경우 2010년에 전세를 끼고 집을 매수할 때 자기자본이 2억 9,000만 원 필요했다. 투자 수요가 증가하기 시작한 2014년에는 전세를 끼고 아파트를 매수할 때 자기자본 투자금이 2억 원으로 줄어들었다. 투자금이 줄어들자 시장에 투자 수요가 증가하기 시작했다. 또한 부동산 3법이 완화되면서 서울 아파트를 중심으로 투자 수요가 빠르게 증가한다. 이명박, 박근혜 정부는 강남 3구를 중심으로 재건축 규제를 완화하고 노무현 정부 때 시행되었던 대출 규제를 본격적으로 완화하기 시작했다. 또한 부동산 3법을 통과시켰다. 박근혜 정부에서 통과시킨 부동산 3법은 재건축 분양가상한제를 사실상 폐지하고, 재건축 초과이익환수제를 2017년까지 유예하며, 재건축 조합원 분양주택을 1채에서 3채로 증가시키는 법이었다. 또한 대출 규제를 LTV 70%, DTI 60%로 일괄 상향 조정했다.

투자 수요가 증가하면서 가격이 상승하고 거래량도 증가했다. 전국 다주택자를 살펴보면 2014년에 3만 명 증가했다면 2015년에는 15만 8,000명 증가한다.

골든 크로스

노무현 정부 때 주택가격 상승이 지속되자 민간택지 분양가상한제, 초과이익환수제 등 재건축 규제가 시작되었다. 분양가상한제는 민간택지에서 분양되는 아파트 분양가를 택지비와 건설비, 적정 이윤을 고려해 산정하는 방법이다. 민간택지에 분양가상한제가 적용되면서 재건축 단지가 크게 영향을 받았다. 재건축할 때 이익이 극대화되려면 신규 분양하는 아파트 가격이 높아야 한다. 분양가상한제로 아파트 가격을 올릴 수 없게 되자 재건축에 대한 투자 수요가 감소하기 시작했다. 강남을 중심으로 오래된 아파트가 대부분인 서울에서 분양가상한제는 투자 수요를 줄이는 역할을 했다. 뿐만 아니라 재건축 초과이익환수제, 조합원 분양주택 제한 등도 투자 유인을 감소시켰다. 투자 수요를 줄이는 역할을 했던 부동산 3법이 완화된 것이 수요 변동의 주요 원인이었다.

그러다 재건축 개발 이익이 확대되고 레버리지(대출) 투자가 가능해지면서 시장에 투자 수요가 증가하기 시작했다. 뿐만 아니라 전세 가격 상승으로 갭투자도 가능했다. 투자 수요 증가는 광범위했고 빠르게 전개되었다. 다주택자 수가 증가하기 시작했다. 2013년부터 증가한 투자 수요는 시장 변화를 이끌었다. 반면에 2007년부터 시작된 부동산시장 위축 기간에는 투자 수요가 지속 감소했다. 규제가 강화되고 가격 상승세가 둔화되면서 투자수익률이 하락했기 때문이다.

가격이 지속 상승하는 기간이 지나면 어느 시점부터 투자 수요가 감소하기 시작한다. 금리 인상, 규제 강화, 전세/매매 비율 하락에 따라 투자수익률이 하락하면서 투자 수요가 줄어들기 때문이다. 투자 수요가 줄어들면 시장에 가장 먼저 나타나는 신호가 거래량 감소다. 반대로 이자 비용이 줄어들고 부동산 규제가 완화되며 전세 가격이 상승하면 투자수익률이 상승하면서 투자 수요가 증가하게 된다. 이때는 거래량이 증가한다.

투자 수요의 증감은 시장 변화의 출발점이다. 투자 수요가 감소하면 부동산 가격 하락 가능성이 커지고 있다는 이야기며, 투자 수요가 증가하면 향후 가격 상승 가능성이 커진다는 의미다. 따라서 수요의 변화를 의미 있게 살펴볼 필요가 있다.

시장의 일차적인 변화 요인은 투자 수요다. 투자 수요는 철저히 투자수익률을 통해서 결정된다. 투자수익률은 향후 기대하는 수익이다. 투자 수요를 결정하는 기대수익률은 어떻게 계산될까? 기대수익률에 영향을 미치는 것은 과거 수익률, 세금, 개발 호재, 대출, 금리 등이 영향을 줄 수 있다. 투자 수요 변화를 읽으면 시장 변곡점을 읽을 수 있다. 실수요는 시장에 항상 존재한다. 시장 변동은 투자 수요가 만든다. 예를 들면 시장에 실수요자 열 명은 항상 존재한다. 수익률에 따라서 투자 수요는 열 명에서 다섯 명 사이로 감소하거나 증가한다. 결국 시장의 변동 요인은 투자 수요가 된다.

가격이 상승하는 상황에서 거래량이 감소하면 수요가 줄어들고 있다는 뜻이다. 투자 수요 감소가 원인이다. 따라서 거래량이 추세적으로 감소한다면 시장 변곡점으로 읽어야 한다. 즉 투자 수요 변화를 통해 시장 변곡점을 읽어낼 수 있다. 부동

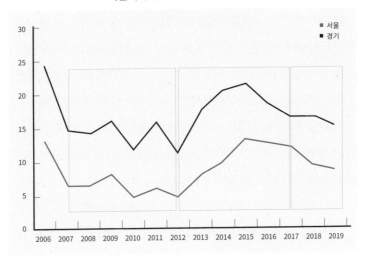

서울시와 경기도의 아파트 거래량

거래량 증감을 통해 투자 수요 변화를 읽을 수 있다.

산에 투자하거나 내 집 마련을 할 때 높은 가격에 사지 않으려면 투자 수요 변화를 통해 시장 변곡점을 읽어야 한다.

2007년 서울 아파트 실거래 건수는 6만 4,000건으로 2006년 대비 50% 이상 감소했다. 2000년대 초부터 이어진 가격 상승으로 2006년 말부터 투자 수요가 줄어들기 시작했다. 투자 수요 감소로 시장 변동성이 커졌다. 그런데도 전문가를 포함해 많은 사람들이 지금이라도 늦지 않았으니 집을 사야 한다고 말했다. 가격 하락은 2013년까지 이어졌다. 반면 거래량은 다시 2013년부터 증가하기 시작한다. 4만 6,000건에 그쳤던 거래량이 2013년 7만 8,000건, 2014년 9만 8,000건으로 추세적으로 증가했다. 가격이 하락하면서 다시 투자 수요가 증가했기 때문이다. 시장은 다시 회복세로 접어들었지만, 사람들은 오히려 이제 집을 사야 할 때가 아니라고 말했다. 최근에는 거래량이 다시 떨어지고 있다. 금리 인하에도 불구하고 규제가 강화되고 있고 가격이 빠르게 상승하면서 투자수익률이 하락하고 투자 수요가 줄어들고 있기 때문이다. 시장의 변곡점은 투자 수요 변화에서 찾을 수 있다. 투자 수요가 줄어들고 있는 상황에서 부동산 비중이 가장 낮은 30대가 아파트 매수에 나서고 있다.

매도 공급이 가격을 결정한다

수요가 변곡점을 만들지만 최종 주택가격은 매수보다 매도에 의해 결정된다. 부동산시장의 독특한 특성이다. 수요가 줄어든다고 해도 주택 보유자들이 가격을 낮춰서 내놓지 않으면 거래가격은 절대 내려가지 않는다. 오히려 마음 급한 실수요자들이 조금씩 거래가격을 올리면서 매수한다면 투자 수요가 줄어들어도 가격이 상승할 수 있다. 매도 공급, 즉 시장에 내놓는 매도물량은 가격의 상승과 하락을 최종 결정하는 중요한 요소다. 매도물량은 가격변동률을 결정하기도 한다.

2010년 이후 서울 아파트 가격 상승세가 가장 높았던 해는 2018년이다. 서울 아파트의 평균 매매가격상승률이 2018년 17.9%를 기록했다. 상승률이 가장 높았던 이유는 투자 수요가 소폭 줄어드는 상황에도 매도물량이 갑자기 급감했기 때문이다. 서울 아파트 거래회전율(실거래가격이 공개된 단지별 거래 건수를 해당 단지 세대수 총합으로 나눈 비율, 매물 증감을 간접적으로 확인할 수 있는 지표)이 2018년 5.8%를 기록하여 2017년 8% 대비 크게 하락했다.

갑자기 매도물량이 급감한 이유는 무엇일까? 문재인 정부 초기인 2017년 8·2 부동산 대책을 발표하면서 각종 혜택을 통해 임대주택 등록을 유도했다. 투기 수요를 억제하는 반면 다주택자를 임대사업자로 등록시켜서 임대차시장을 안정시키겠다는 목적이었다. 그러나 시장가격은 수요뿐만 아니라 공급으로도 결정된다는 단순한 논리를 간과한 결정적인 정책 실수였다.

임대사업자 혜택이 늘어나면서 다주택자는 대거 임대사업자 등록에 나섰다. 나서지 않을 이유가 없었다. 합법적인 절세 방법을 정부에서 새로 만들어줬다. 은마아파트 79제곱미터(23평)를 5채 보유하고 임대사업자로 등록했다고 가정해보자. 임대사업자 등록을 하지 않았다면 은마아파트 5채를 보유한 다주택자는 재산세 1,300만 원과 종합부동산세 9,400만 원을 합쳐 1년에 약 1억 원 이상의 보유세를 내야 한다. 그런데 임대사업자 등록을 하면 종부세는 한 푼도 내지 않고 재산세도 절반으로 깎아준다. 반면 똑같은 아파트를 한 채만 가지고 있는 실거주자는 어떻게 될까? 재산세와 종부세를 합쳐서 약 580만 원을 내게 된다. 강남 5채를 가지고 있는 100억 원 부자의 세금과 한 채를 가지고 있는 실거주자 보유세 세금이 비슷하게 된다.

양도소득세 혜택도 크다. 대치동 은마아파트 5채를 2015년에 매입한 이후 10년 뒤에 팔아서 50억 원 이상의 시세차익을 얻었다. 다주택자 경우라면 50억 원 중 약 25억 원을 양도소득세로 납부해야 한다. 그러나 임대사업자 등록을 하면 양도소득세는 내지 않아도 된다. 문제가 심각해지자 2018년 9·13 대책에서 양도소득세 100% 감면을 폐지했고 종합부동산세도 부과하기로 했다. 지난 710 대책에서는 아파트에 한해 현 임대 기간이 끝나면 혜택을 없애기로 했다. 그러나 남아 있는 임대 기간에 기존 혜택을 그대로 받을 수 있다.

임대사업자 등록은 투자 수요자들한테 꽃길을 깔아주었을 뿐만 아니라 시장 매물을 감소시킴으로써 유통시장에 커다란 영향을 미쳤다. 정부의 뼈아픈 실책이다. 혜택이 많아지자 다주택자는 임대사업자 등록을 적극적으로 하면서 세금과 규제를 회피하게 된다. 현재 임대사업자는 156만 호 등록되어 있다. 서울 주요 아파트를 조사해보면 전체 아파트 가운데 10% 이상이 임대사업자로 등록되어 있다.

임대사업자로 대표되는 다주택자 매물이 감소하면서 서울을 중심으로 한 아파트 가격 상승세가 가팔라졌다. 특히 투자 수요가 증가하는 가운데 매물 감소는 가격 상승폭을 더 키웠다. 최근의 시장 변화를 보면 부동산 규제 완화와 금리 인하로 투자 수요가 증가하면서 아파트 가격이 상승했다. 투자 수요 증가로 가격 상승세가 이어지는 가운데 임대사업자 혜택 확대로 인해 매물이 감소하자 거래가격은 더욱 상승했다. 이후 최근에는 부동산 규제 강화와 대출 규제로 투자 수요가 줄어들고 있다. 그런데 매물은 더욱 감소하면서 투자 수요 감소에도 가격 상승세가 이어지는 상황이다.

반대로 2000년대 부동산시장을 보면 양상이 현재와 다르다. 2000년 초부터 2005년까지 투자 수요가 증가하면서 주택가격이 상승했다. 이후 2006년부터 투자 수요가 증가하는 가운데 매물이 감소하면서 가격 상승폭이 컸다. 부동산 규제가 강화되고 금융시장 불안정성이 확대하면서 투자 수요가 감소했다. 그러나 매도물량이 증가하지 않으면서 가격 상승세가 유지되었다. 이후 갑자기 투자 수요가 감소하는 상황에서 매도물량이 증가하면서 가격 하락폭이 커졌다.

한국 부동산 가격은 투자 수요와 매도물량 증감으로 결정된다. 투자 수요는 수익률이 상승하면 증가하고 수익률이 하락하면 감소한다. 투자 수요는 금리, 대출, 부동산 규제, 심리에 따라 결정된다. 부동산시장에서 수요는 최종 가격을 결정하지는 않지만 시장 변곡점을 일으키는 중요한 요소다. 반면 가격을 결정하는 요소는 매도물량이다. 매도물량 변화에 따라서 최종 가격이 결정된다. 투자 수요와 유사하게 매도물량도 부동산 정책과 심리에 따라 결정된다. 투자 수요와 매도물량(공급) 모두 금리, 대출, 부동산 규제, 심리 등에 따라 결정된다. 그러나 큰 차이점이 있다. 바로 시차다. 투자 수요는 영향 요소에 즉각 반응하면서 시장 변곡점을 만든다. 반면 매도물량(공급)은 팔지, 말지를 결정하는 데 오랜 시간이 걸린다. 투자 수요와 매도물량의 시차 때문에 변곡점과 가격 결정과의 괴리가 발생하고 가격변

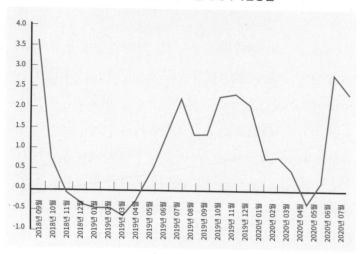

2018~2020년 아파트 실거래가격변동률

최근 아파트 실거래가격변동률(기간 대비) 폭이 커지고 있다.

동성이 커지게 된다.

　2019년 이후 서울을 중심으로 아파트 가격변동성이 커지고 있다. 갑자기 오르던 아파트 가격이 또 갑자기 하락하기도 한다. 투자 수요가 감소하는 가운데 매도물량 증감에 따라서 가격이 결정되기 때문이다. 현재 일어나고 있는 상황을 정확히 파악해야 투자를 위한 전망과 예측을 할 수 있다.

골든 크로스

부동산 투자 원칙 1
가격과 거래량을 동시에 고려하라

강남 불패 신화는 절대 깨지지 않을 것이다. 왜냐하면 강남권 지역 집 보유자들이 절대 집을 팔지 않을 것이기 때문이다. 판다면 엄청난 세금을 내야 하기에 매도하느니 차라리 자자손손 물려주겠다는 것이 보유자들의 얘기다. 물론 다른 곳으로 이사하지도 않는다. 강남권에 사는 사람은 계속 강남권에 산다. 그래서 매도물량은 씨가 말라버린다. 다른 지역에 사는 주민이 강남권으로 이사하고 싶어도 매물이 없어 이사할 수가 없는 상황이 발생한다. 그런데 강남으로 진입하려는 사람은 많다. 며칠만에 1억 원을 더 높게 부르더라도 강남에서 살고 싶은 사람은 구입한다. 매도물량은 없는데 매입하려는 사람이 많다 보니 강남권 집의 호가는 계속 오른다. 세금폭탄은 이들에게 전혀 해당하지 않는 이야기다. 10억 원의 주택에 부과되는 종합부동산세 등 세금은 연간 600만 원. 연간 6%만 집값이 올라도 상계된다. 더욱이 이 정도 금액은 강남 사람들에게 '껌값'이다. 우리나라 사람은 유난히 땅과 집에 대한 집착이 강하다. 국토가 작기 때문이다. '사촌이 땅을 사도 배 아프다'라는 속담에도 땅이 등장할 정도다.

위의 이야기는 꼭 현재 이야기 같다. 그러나 아니다. 《주간경향》 2006년 11월 기사에 실린 내용이다. 2006년을 이야기하는 이유는 그 해가 부동산 투자에서 중요한 변곡점이었기 때문이다. 2001년부터 시작된 부동산시장 가격 상승은 수많은 규제에도 불구하고 2006년까지 지속되었다. 특히 2006년에 가격 상승세가 누적되면서 단기에 가격이 급등하고 새로운 수요가 증가하면서 거래량이 증가했다.

은마아파트 전용면적 76.8제곱미터(23평) 실제 거래가격을 보면 2006년 초에 7억 6,000만 원에 거래됐다. 이후 집값이 지속 상승하며 2006년 11월에 11억 6,000만 원으로 1년이 채 지나지 않아서 53%가 상승했다. 사람들은 강남 불패, 아파트 가격 폭등을 이야기했다. 가격 상승만 보면 당연한 반응이다. 그러나 이후 2008년 말까지 거래가격이 지속 하락했다. 은마아파트가 7억 5,000만 원에 거래되었다. 2006년 초보다 오히려 하락했고 고점에 매수했다면 2년 남짓한 기간 동안 4억 원 이상이 하락했다.

과거 강남 아파트 거래가격을 보면서 변화를 주목해보자. 사람들은 불패를 이야기했지만 아이러니하게도 해당 시점에 거래가격이 가장 높았다. 이후 거래가격은 지속 하락했다. 하락하던 가격은 2009년부터 다시 회복하기 시작했다. 7억 원에 거래되던 아파트가 2009년 8월에는 다시 10억 5,000만 원으로 상승했다. 2006년 11월 최고 가격보다 낮았으나 10억 원 이상으로 거래가격이 올랐다. 회복하던 가격은 변동을 이어가다가 2013년 최저가격 6억 8,000만 원으로 하락했다. 불패라던 강남 아파트가 불과 10년 전에는 가격 하락폭이 컸다.

과거 은마아파트 거래가격과 함께 거래량을 보면 투자자

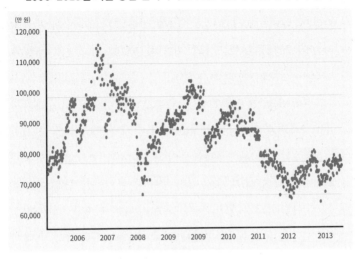

2006~2013년 서울 강남 은마아파트 76.8제곱미터 실거래가격 변화

강남 아파트 불패 신화는 없었다.

들의 심리를 읽을 수 있다. 2006년부터 2013년까지 연도별 실
거래량 변동을 보면 거래량이 증가한 해는 2006년과 2009년
그리고 2013년이다. 2006년과 2009년은 집값이 상승했던 기
간이며 2013년은 가격이 최저점을 기록한 해였다. 거래량이 증
가하는 경우는 수요가 확대되거나 공급이 늘어날 때 이루어진
다. 가격이 상승하면서 거래량이 증가한다면 수요가 늘어났다
고 말할 수 있다. 즉 2006년과 2009년은 수요가 증가했다. 흥미
로운 점은 수요가 증가하는 기간에 가격 상승이 컸고 8년간 가
격변동 흐름에서 보면 가격이 가장 높았을 때였다는 점이다. 가
격 하락세가 이어진 2007년, 2008년 그리고 2010년부터 2012년

까지는 오히려 거래량이 감소했다. 이는 가격이 하락할 때는 수요가 오히려 줄어든다는 것을 뜻한다. 반면 거래량이 증가하는데 가격이 하락했다면 공급이 증가할 때다. 2013년이 그렇다. 집을 가지고 있는 사람들은 가격이 가장 낮을 때 오히려 집을 매각한다는 결론이 가능하다.

은마아파트뿐만 아니라 서울의 아파트 대부분이 가격과 거래 흐름에서 동일한 패턴을 보인다. 아파트 가격 흐름을 보면 집을 사고파는 시점에 대한 시장 변화와 사람들의 심리를 읽을 수 있다. 사람들은 일반적으로 가격이 오를 때 집을 더 사고 싶어 한다. 가격이 오를 때 거래량이 증가하는 이유다. 반대로 가격이 하락할 때는 거래량이 감소한다. 가격이 떨어질 때 사람들은 집 사기를 꺼린다. 집을 파는 시점은 반대다. 가격이 오르면 팔지 않고 가격 하락이 지속되면 팔고 싶어 한다. 가격이 지속 하락하면서 거래량이 증가하는 이유다.

부동산시장도 심리 영향을 피할 수 없다. 가격이 상승하면 낙관적인 전망과 기대가 커진다. 투자하려는 사람과 무주택자의 주택 소유 욕구가 커진다. 수요가 증가하는 이유다. 반대로 가격이 하락하면 무주택자는 주택매매 시점을 더 미루고 투자자들은 추가 하락을 기대한다. 수요가 다시 감소한다. 주택가격을 결정하는 매도 공급도 마찬가지다. 가격이 오르면 매도물량을 줄이고 가격이 하락하면 집을 팔기 시작한다.

투자시장에서는 수요와 공급이 가격을 결정하기보다 가격이 수요와 공급을 움직이는 현상이 일어난다. 과거 강남 아파트를 비롯해서 서울 아파트 시장에서도 똑같은 현상이 반복되었다. 사람들이 가격만을 보고 의사 판단을 하기 때문이다. 가격이 하락하는 기간에 내 집 마련을 하기 힘든 이유였다.

현명한 부동산 투자를 하려면 가격과 함께 거래량을 통해 판단해야 한다. 거래량을 통해 시장 참여자들의 심리와 시장 변화를 읽을 수 있다. 부동산시장 변화를 읽으면 언제 사고팔아야 하는지 판단할 수 있다. 부동산 가격은 '상승→큰 폭 상승→하락→큰 폭 하락→상승'의 변화를 반복한다. 주기와 진폭이 다를 뿐 주택가격은 항상 변화했다. 그러나 가격만 보고는 시장 판단을 할 수 없다. 거래량을 동시에 고려해야 한다.

한국 아파트 가격과 거래량을 변화시키는 요인은 투자 수요와 매도 물량이다. 변화 사이클을 보면 투자 수요가 증가하면서 가격이 상승하고 거래량이 증가한다. 이후 다주택자를 중심으로 매물(공급)이 감소하면서 가격이 크게 상승하고 거래량은 감소한다. 이어서 투자 수요가 감소하면서 가격이 하락하고 거래량이 급격하게 감소한다. 투자 수요 감소가 이어지면서 매물(공급)이 증가하면 가격은 더욱 크게 하락하고 반면 거래량은 회복한다. 가격이 하락하면 투자 수요는 다시 증가하고 거래량이 증가하며 가격은 다시 상승한다.

투자 관점에서 가장 유의해야 할 시기는 매물(공급)이 감소할 때다. 투자 수요가 증가하면서 매물이 감소하면 가격 상승폭이 커지기 때문이다. 반면 가장 좋은 투자 시기는 매물(공급)이 증가하는 시점이다. 수요가 감소하고 있는 상황에서 매물(공급)

이 증가하면 가격 하락폭이 커질 수 있다. 가격뿐만 아니라 거래량 변동을 통해 시장 변화를 알아낼 수 있다. 시장 변화에 집중하면 부동산 투자를 언제 해야 할지, 답을 찾아낼 수 있다.

부동산에 투자하는 가장 좋은 시점은 집을 가지고 있는 사람들이 팔 때다. 매도하는 사람이 가장 많을 때 가격이 가장 싸다. 간단한 투자 방법을 가격과 거래량에서 찾을 수 있다. 사람들은 내 집 마련할 때는 투자와 다르게 언제나 사도 괜찮다는 말을 자주 한다. 절대 아니다. 내 집 마련도 투자로 판단해야 한다. 집은 단위 금액이 커서 쉽게 팔거나 살 수 있는 자산이 아니기 때문이다.

부동산 투자 원칙 2
가격 하락 변동성이 큰 매물에 주목하라

시장과 개인은 별개다. 사람들은 남들이 현실을 모른다고 자주 이야기한다. 이 말은 자신과 생각이 다른 사람을 볼 때 흔히 하는 말이다. 자신은 현실이고 다른 사람은 비현실로 생각한다는 뜻이다. 그러나 틀렸다. 투자로 세상을 본다면 자신이 비현실이고 다른 사람, 즉 시장이 현실이다. 투자를 하면서 투사가 될 필요는 없다. 투자는 시장과 싸우는 일이 아니다.

나와 별개인 시장을 이해하려면 시장을 변동시키는 요인을 알아야 한다. 한국 부동산시장에서 시장 변화를 이끄는 요소는 금리와 정책이다. 금리와 정책이 수요와 매물(공급)의 변화를 일으키고 있다. 금리는 투자 수요 변화를 일으키고, 정책은 매물(공급)에 영향을 미친다. 코로나19로 저금리 구조가 당분간 지속될 전망이다. 섣불리 금리 인상을 예상하기 힘든 상황이다. 2018년 11월 기준금리가 인상되자 2019년 상반기 아파트 가격이 크게 하락한 경험이 있다. 금리 인상으로 투자 수요가 감소했기 때문이다. 가격이 하락하면서 거래량이 감소한 이유다. 2020년 5월 이후에는 코로나19로 인해 두 차례에 걸쳐 금리가 인하하면서 다시 투자 수요가 급증했다.

금리가 떨어지면 투자 수요가 증가할 가능성이 크다. 그러나 중요한 조건이 있다. 금리 인하로 레버리지 효과가 극대화되고 이자 비용 하락으로 수익률이 상승할 것이라는 전제가 필요하다. 2019년부터 정부는 서울을 중심으로 주택 매입 자금에 대한 강력한 대출 규제를 시행하고 있다. 매매가격 15억 원 초과에 대한 대출은 금지되고 9억 원을 넘으면 차등해서 대출 규제가 적용된다. 가격이 상승할수록 대출이 제한된다는 말은 고가 아파트일수록 수요 감소가 빠르게 일어날 가능성이 크다는 의미다. 대출 규제가 강화된 이후 6억 원 이하 아파트 가격이 급등한 이유가 고가 아파트와 비교해서 상대적으로 대출이 용이했기 때문이다. 제품 가격이 계속 상승하려면 상승하는 가격에 사줄 누군가가 계속 있어야 한다. 대출 규제는 가격 상승과 더불어 투자 수요를 계속 줄이는 역할을 할 것이라 예상된다.

금리 인하로 투자 수요가 지속 증가하려면 현재 낮은 금리 수준보다 추가로 더 낮게 인하될 가능성이 있어야 한다. 미국도 제로금리 상태다. 코로나19 사태는 점차 회복될 것이고 유동성은 확대될 것이다. 그러나 이것이 경제 회복으로 이어지지 않고 자산시장으로만 돈이 쏠린다는 문제점이 지적되고 있는 상황에서 추가 금리 인하는 제한적인 상황이다. 그렇다면 지속적인 금리 인하를 통한 투자 수요 증가는 불가능할 것이다.

뿐만 아니라 신규 부동산에 대한 투자수익률 하락으로 향후 수요 증가 가능성이 작아지고 있다. 부동산 세법이 개정되었기 때문이다. 특히 주목되는 건 취득세율 인상이다. 부동산 세금은 보유세와 양도세가 핵심이다. 부동산을 보유하거나 처분하면서 발생하는 세금이다. 보유세와 양도세는 이익을 기반으로 한다. 보유한 집값이 상승하면 보유세가 올라가고 처분하는 이익 규모에 따라서 양도세가 결정된다. 즉 이익이 있는 곳에 세금이 부담되면서 원천적으로 투자나 투기 수요를 줄이는 데 한계를 가지고 있었다. 이런 차원에서 개정된 취득세는 차원이 다르다.

투자 시점부터 세금을 내야 하므로 기대이익 자체가 크게 하락한다. 또한 이익을 기반으로 하지 않는 세금이기 때문에 불확실성이 더욱 크다고 할 수 있다. 개정된 지방세법에 따르면 조정 지역에서 2주택 이상을 매입하는 경우 2주택은 8%, 3주택 이상은 12% 취득세를 납부해야 한다. 예를 들어 현재 10억 원대 서울 아파트에 거주하고 있는데 추가로 9억 원 아파트를 매입하려고 하면 취득세 7,200만 원을 납부해야 한다. 기존에는 약 1,800만 원(주택가액에 따라 1~3% 부과)에 불과했다. 투자 목적으로 아파트나 분양권을 추가로 매입할 수 있을까? 취득세 인상은 투자 및 투기 수요를 억제하는 강력한 정책이 될 것이다.

반면 투자 수요가 줄어든다고 가격이 하락하지는 않는다. 단지 거래가 줄어들고 가격 상승세가 둔화될 뿐이다. 부동산의 특성상 집을 가지고 있는 사람들이 공급을 증가시켜야, 즉 매물을 싼 가격에 내놔야 가격이 하락한다. 매도물량 변곡점을 만드는 것은 정책이다. 이런 점에서 가격 안정화가 목적이었던 정부 입장에서는 2018년 이뤄진 임대사업자 활성화 대책이 최악의 정책이었다. 다주택자를 중심으로 한 매도물량을 오히려 감소시켰기 때문이다.

향후 부동산시장 변화와 가격변동의 핵심은 시장 매도물량의 변화다. 투자 수요가 줄어든 상황에서 매도물량이 증가하면 가격은 하락하게 될 것이다. 반면 투자 수요 감소에도 불구하고 매도물량이 증가하지 않거나 오히려 감소하면 가격은 하락보다 보합과 상승 가능성도 존재한다. 결국 집값 변동 요인은 매도물량이다.

그렇다면 앞으로 시장에 매물이 증가할 수 있을까? 부동산시장에 매도물량을 변화시키는 주체는 다주택자와 비거주자 매물이다. 2018년 주택소유통계(통계청)에 따르면 우리나라 전체 주택은 1,763만 호다. 이 중에서 아파트는 1,083만 호로 전체 주택의 61%에 해당한다. 개인이 소유한 주택 수는 1,532만 호이며 주택을 소유한 가구수는 1,123만 가구로 가구의 주택소유율은 56.2%다.

2016~2018년 서울특별시 주택의 비거주자 비율

	2016	2017	2018	주택 수 (호)	매물 가능 건수(호)	거래 건수	비율
용산구	44.0%	44.6%	45.3%	65,709	29,796	1,444	5%
중구	38.1%	39.3%	39.8%	32,149	12,783	903	7%
강남구	38.4%	37.8%	38.0%	49,219	56,757	5,138	9%
서초구	34.4%	34.6%	35.1%	16,496	40,885	3,622	9%
마포구	34.8%	34.3%	34.4%	22,247	35,125	3,438	10%
성동구	31.9%	32.8%	33.3%	77,282	25,703	3,773	15%
종로구	31.2%	31.7%	31.7%	40,718	12,899	557	4%
영등포구	30.9%	30.6%	30.8%	89,462	27,549	3,076	11%
송파구	29.1%	29.4%	29.6%	84,628	54,691	7,533	14%
서대문구	29.3%	29.0%	28.9%	83,823	24,246	3,046	13%
동작구	28.6%	28.2%	28.2%	102,440	28,925	3,364	12%
강서구	27.6%	27.5%	28.0%	157,016	43,902	4,628	11%
노원구	27.3%	27.4%	27.6%	158,567	43,796	8,024	18%
동대문구	26.3%	26.4%	27.4%	90,288	24,702	2,905	12%
양천구	27.1%	26.7%	27.1%	123,917	33,560	4,141	12%
강동구	27.5%	26.3%	27.0%	102,906	27,818	4,101	15%
광진구	25.2%	25.1%	25.6%	82,899	21,224	1,995	9%
성북구	25.6%	25.4%	25.3%	117,289	29,719	4,471	15%
구로구	24.9%	24.8%	25.1%	112,196	28,133	3,775	13%
강북구	25.4%	25.0%	24.8%	83,780	20,761	1,810	9%
은평구	25.3%	24.5%	24.6%	130,797	32,180	2,770	9%
관악구	24.1%	24.1%	24.4%	112,878	27,584	2,700	10%
도봉구	23.6%	23.3%	23.3%	101,415	23,608	3,671	16%
금천구	21.7%	21.4%	23.0%	57,745	13,279	1,531	12%
중랑구	21.6%	20.9%	21.4%	95,154	20,344	2,317	11%

비거주자가 보유한 주택이 많을수록 시장 변동성이 커질 수 있다.

우리나라 다주택자는 219만 명에 이른다. 전제 주택 소유자 가운데 15.6%가 주택을 2채 이상 보유하고 있다. 주택을 기준으로 하면 비율은 높아진다. 전체 주택에서 약 29%인 516만 호가 다주택자 보유 물량으로 스스로 거주하지 않는 주택이다. 즉 투자 목적으로 집을 보유한 경우다. 잠재적인 매도물량이라고 볼 수 있다.

개인 소유 주택 가운데 비거주자(동일 시도 내 타 시군구 거주자 소유와 외지인 소유 주택 합산)가 보유한 주택 비율은 24%다. 시도별로 비거주자 소유 아파트 비율이 가장 높은 지역은 세종 35.9%, 서울 28.8%, 인천 26.7%, 경기 25.8%, 충남 24.3%, 대전 24.1%, 부산 24.1%로 조사된다. 주택 소유자 가운데 비거주자 비율이 높은 지역일수록 비거주자 매도물량이 증가할 가능성이 크다. 서울을 기준으로 비거주자 비율이 높은 곳은 용산구, 중구, 강남구, 서초구, 마포구, 성동구다.

다주택자와 비거주자가 보유한 주택이 시장의 매도물량을 증가시키면 가격 하락폭이 확대될 가능성이 크다. 다주택자를 중심으로 시장에 매물을 내놓는 이유는 크게 두 가지다. 우선 가격 상승 기대가 낮아졌을 때 매도물량이 증가한다. 투자자 입장에서 집값 상승에 대한 기대감이 낮다면 굳이 집을 보유할 필요가 크지 않다. 또한 보유 부담이 커질수록 매물이 증가할 가능성이 있다. 정책 영향이 크다. 최근 정부는 다주택자에 대한 보유세와 양도세를 강화했다. 다주택자의 경우 보유세는 과거 대비 두 배 이상 증가할 가능성이 크고 양도세도 10%포인트 더

2006~2019년 아파트 거래회전율(%)

	2006년	2012년	2016년	2018년	2019년
서울	12.4	3.6	8.8	6.4	5.7
구로구	13.1	3.2	9.4	7.7	5.8
강서구	14.2	3.7	11.8	8.0	5.6
노원구	13.8	3.6	8.8	6.9	5.9
서초구	10.4	2.8	6.1	3.9	3.9
광진구	14.2	3.5	9.1	5.7	6.7
서대문구	12.1	3.3	10.9	7.7	7.1
은평구	14.4	4.9	10.2	9.0	6.4
동작구	11.9	3.9	11.8	6.4	6.3
중랑구	11.9	3.7	8.0	7.1	5.3
마포구	11.7	3.7	9.1	6.1	6.1
강남구	8.5	2.6	6.2	3.4	4.4
중구	11.1	3.6	8.8	7.3	5.9
강동구	14.1	3.7	8.7	5.8	5.3
용산구	11.9	2.3	6.8	5.2	4.5
동대문구	12.3	3.7	8.7	6.3	5.5
종로구	13.7	4.5	8.8	6.0	4.8
성동구	12.9	3.1	8.2	5.9	6.9
송파구	10.4	4.6	9.0	5.1	6.6
영등포구	10.3	2.8	7.8	5.5	4.9
성북구	12.9	4.4	9.9	9.1	6.9
도봉구	13.3	4.0	9.4	7.7	5.9
양천구	12.2	3.5	8.6	5.8	5.6
금천구	12.7	3.8	7.8	6.6	6.0
관악구	15.5	3.8	8.8	7.9	6.3
강북구	17.2	4.6	11.2	10.5	7.1

거래회전율이 낮아지면서 가격이 상승했다.

납부해야 한다.

투자 수요가 줄어들면서 매도물량이 증가하면 가격 하락은 불가피하다. 매도물량이 증가할 것이라 예상되는 지역은 역설적으로 최근까지 매도물량이 줄어든 곳이다. 예를 들어 서울의 경우 매도물량이 정상적이었던 2016년과 비교하여 최근(2018년과 2019년 평균) 가장 많이 감소한 지역은 동작구다. 재건축, 재개발 등 개발 호재가 부각되면서 매도물량이 줄어들고 가격이 크게 상승했다. 그러나 그만큼 향후 매도물량 증가에 따라 가격 하락 가능성도 높아질 것이다.

또한 임대 비중이 높은 지역과 아파트로 가격변동성이 커질 수 있다. 임대사업자에 대한 혜택이 줄어들수록 매도물량이 증가할 것이기 때문이다. 조사에 따르면 서울 주요 아파트 가운데 주택임대사업자가 보유한 비율은 평균 13%에 달하고 있다. 10% 이상이 잠재적 매도물량인 상황이다.

2006년부터 현재까지 신고된 아파트 실거래가격변동을 보면 흥미로운 경향이 발견된다. 기간별 수익률이 높은 아파트는 상대적으로 하락률이 큰 아파트였다. 최근 집값 상승률이 가장 높았던 지역은 강남 3구다. 재미있는 사실은 상승하기 전 하락률이 컸던 지역도 강남 3구였다. 오르려면 하락해야 하고 하락하면 오른다는 경향을 기억할 필요가 있다.

향후 매도물량 증가로 아파트 가격 하락폭이 커질 가능성이 있다. 분명 지역과 아파트별로 차이를 보일 것이다. 투자 관점에서 우리가 주목해야 할 부동산은 가격이 하락하지 않는 아파트가 아니라 하락하면서 변동성이 큰 아파트다. 매도물량을 주목하는 이유다.

가격 하락에 주목하라는 말은 결국 부동산 투자에서는 무엇(what)보다 언제(when)가 더 중요하다는 말이다. 가격을 결정하는 수요와 공급에 대한 판단이 가능하고, 공급과 수요가 증가하거나 감소하는 시간 차이가 존재하기 때문에 구매 시기에 더욱 큰 관심을 가져야 한다.

부동산 투자 원칙 3
자기자산을 정확히 파악하라

EBS 기획 프로그램 〈학교란 무엇인가〉를 보면 흥미로운 실험이 소개된다. 방송에서는 전국 60만 명 가운데 전국 최상위 0.1% 학생에 대한 조사 연구를 진행한다. 전국 석차 상위권 800명과 일반 학생 700명을 비교하면서 두 그룹 간의 차이점을 조사한다. 부모 경제력과 학력, 지능 등 일반적인 조사에서 두 그룹 간의 차이는 크지 않았다.

프로그램에서는 재미있는 실험을 진행한다. 두 그룹에 서로 연관성이 없는 단어(여행, 초인종, 변호사 등) 25개를 선정하여 한 단어당 3초씩 모두 75초 동안 보여준다. 학생별로 몇 개까지 기억할 수 있는지를 측정한다. 그런데 중요한 건 측정하기 전에 자신이 얼마나 기억해낼 수 있는지 먼저 이야기하고 단어들을 기억해내는 것이다.

결과는 흥미로웠다. 전국 석차 0.1% 학생들은 자신이 예상한 숫자와 기억한 결과치 차이가 크지 않았다. 반면 보통 학생들은 예상 수치와 맞힌 개수 간의 차이가 컸다. 더욱 재미있는 결과는 실제로 기억해낸 단어 수의 차이가 두 그룹 간에 크지 않았다는 점이다. 상위권과 평범한 학생들 간에 기억력 자체는 큰 차이가 없었다. 그러나 자신의 기억력을 미리 판단하는 데는 큰 차이를 보였다. 이것이 바로 메타인지의 차이였다.

메타인지는 자신이 아는 것과 모르는 것을 자각하여 스스로 문제점을 찾아내고 해결하며 자신의 학습 과정을 조절할 줄 아는 지능과 관련된 인식이다. 즉 쉽게 말해 자신을 알고 제어하는 능력이다. 자신에 대해 정확히 알고 통제할 수 있는 학생들은 성적이 좋았다.

이 메타인지는 학습 영역뿐만 아니라 부동산 투자에서도 꼭 필요한 능력이자 원칙이다. 부동산은 단위 규모가 크기 때문에 선택이 다른 어떤 투자보다 중요하다. 선택을 잘하려면 자신의 상황과 위치, 능력을 정확히 파악하고 투자해야 한다. 장점과 단점을 파악하고 성과에 대한 추정을 통해 투자 실행 여부, 규모를 결정해야 한다. 성공 투자의 방법이다.

부동산 투자에서 '자신을 알라'는 의미는 자산과 부채, 자기자본 규모를 정확히 파악하는 것을 말한다. 현재 자신이 보유한 자산과 부동산 자산 비중, 부채와 조달 가능한 차입 규모에 대한 정확한 평가와 판단이 필요하다. 부동산 대상을 정해놓고 자산을 조달하기보다 자신과 가계 자산에 대해 평가한 뒤에 무엇과 언제를 고민하는 것이 올바른 순서다.

서울에서 3억 원 상당의 주택을 취득하려면 주택자금조달계획서를 제출해야 한다. 2018년부터 2020년 8월까지 제출된 60만 건 이상의 주택자금조달계획서를 통계적으로 살펴보면 흥미롭다. 우선 전체 주택구매자 45만 6,000명 가운데 약 56%는 실거주 목적으로 주택을 매입했다. 나머지 42%는 임대 목적이었다. 연령별로 보면 차이가 난다. 30대의 경우 실거주 비율이 59%, 임대 비율이 40%다. 상대적으로 실거주 비율이 높은 것으로 나타난다. 반면 40대의 경우 실거주 비율이 30대보다 낮은 것으로 파악된다.

거주할 것인가, 임대를 통해 투자할 것인가? 결정하는 것 또한 매우 중요하다. 거주도 하지 못할 집을 무리하게 매입한 것과 투자가치가 없는 집을 거주 목적으로 사는 것, 모두 잘못된 결정이다. 투자와 실거주 모두 똑같이 중요하다. 부동산을 매입하거나 매도할 때 목적에 대해 고민해야 하는 이유다. 그러나 사실 장기적으로 볼 때 투자 관점으로 부동산을 살펴볼 필요가 있다. 거주 목적의 집은 언제나 존재하지만 투자할 부동산은 언제나 기회를 주지 않기 때문이다.

자체적으로 행한 설문조사(82명, 30대부터 40대 근로소득자 기준)에 따르면 부동산 선택 기준으로 43%가 가격 상승 가능성이 중요하다고 응답했다. 학군과 교육이 30%, 직주 근접이 27%를 차지했다. 투자 관점으로 부동산을 생각하는 비중이 증가하고 있으나 아직까지 절반이 넘는 사람들은 아파트를 학군,

골든 크로스

서울 지역 주택 구매자 세대별 주택자금조달계획서(단위: 100만 원)

구분	주택 구매자 수	실거주 비율	임대 비율	평균 주택가격	차입금 비율
만 0~9세	108	24%	76%	246	32%
만 10~19세	322	23%	76%	339	46%
만 20~29세	11,914	38%	60%	467	67%
만 30~39세	124,358	59%	40%	518	57%
만 40~49세	135,525	56%	43%	598	49%
만 50~59세	99,326	54%	44%	601	43%
만 60세 이상	84,377	60%	38%	594	33%
합계	455,930	56%	42%	572	47%

직장, 교통을 우선적으로 고려하고 있다. 임대차보호법으로 인해 전세 가격이 상승할수록 이러한 현상은 더욱 커질 것으로 전망된다.

임차인의 계약갱신권이 생겨나면서 강남에 전세를 끼고 매도하는 아파트가 실거주가 바로 가능한 아파트보다 크게는 1억원 이상 낮은 가격에 매물로 나오고 있다. 사람들이 실거주가 가능한 아파트를 선호하면서 생기는 일시적인 현상이다. 투자 관점으로 시장을 바라본다면 선택은 분명하다. 무조건 가격이 낮은 매물을 사야 한다.

자신이 왜 부동산을 사는지 또는 파는지, 내 자산과 부동산을 정확히 파악하는 일은 투자에서 불확실성을 줄이는 첫 번째 작업이다. 미래 전망이 불투명할수록 현재 상황을 객관적으로 판단해야 한다. 불확실성이 클수록 기다림도 훌륭한 투자가 될 수 있다. "흙을 빚어 그릇을 만들지만 그릇을 쓸모 있게 만드는 것은 그릇 속의 빈 곳이다."《도덕경》이 말하는 지혜를 기억하자. 스스로에 대해 질문하고 본질을 파악해야 기회를 볼 수 있고 만들어갈 수 있다. 자신을 아는 일이 중요한 투자 원칙인 이유다.

부동산 투자 원칙 4
예측하지 말고 행동하라

자기자산의 현주소를 정확히 파악했다면 이제 투자해도 좋다. 투자는 행동이 필요하다. 투자(投資)에서 투(投)는 손으로 던진다는 뜻이고 자(資)는 돈을 의미한다. 즉 투자는 돈을 던진다는 의미다. 사람들은 부동산 투자에 대해 수많은 이야기를 하지만 막상 부동산에 직접 투자하는 사람은 많지 않다. 물론 현실적인 제약이 있다. 자금이 없거나 능력이 없을 수 있다. 그러나 수준에 맞는 투자를 하면 된다. 수준에 맞는 투자는 어디에나 존재한다.

직접 투자를 위해 준비하고 행동해야 한다. 자금 여력이 충분하지 않은데 매일 강남 아파트 가격을 이야기하는 것은 준비가 아니다. 직접 투자하려는 부동산과 지역, 시점에 대한 현실적인 공부가 필요하다. 행동하려면 예측보다 변화 원인을 정확히 알아야 한다. 정확한 원인을 찾으면 투자 방향성이 생긴다.

최근 부동산 가격 상승의 논리 가운데 가장 강력한 것은 공급 부족이다. 서울을 중심으로 한 신규 주택 공급이 부족해서 가격이 계속 상승했고 앞으로도 오를 것이라는 전망이다. 아파트는 빨리 지을 수도 없고 심지어 땅도 부족하기 때문에 공급은 항상 부족할 수밖에 없다. 따라서 부동산 시장이 호황일 때 집이 부족하다는 논리는 강력하고 설득력이 높다. 공급이 단기에 빠르게 증가할 수 없기 때문에 가격 불패에 대한 맹신을 강화시킨다.

　　그런데 진짜 공급이 부족할까? 주택 공급에 대한 전문가들의 판단 변화를 보면 흥미롭다. 부동산 가격이 급격히 상승할 때는 절대적인 총량 부족을 이야기한다. 주택보급률을 이야기하고 1,000명당 주택 수를 말한다. 조정기에 접어들면 살 만한 집이 부족하다는 논리로 변한다. 특히 새집이 부족하다는 말을 많이 한다. 가격 하락기에는 지역별 수급 차이를 이야기한다. 시장 변화에 따라 공급에 대한 정의가 바뀌는 것이다. 도대체 살 만한 집이란 어떤 집인가? 신축 아파트? 학군 좋은 집? 직주근접? 여러 가지로 그때그때 다르게 해석되는 원인은 진짜 변동 이유가 아니다. 정확한 원인을 찾아야 행동할 수 있다. 시장의 본질에 대해 계속 의문을 던지는 이유다.

　　사람이 살아야 하는 집과 부동산을 투자 대상으로 삼는 것에 대해 나쁘게 생각하는 사람들이 있다. 맞다. 살아야 하는 집을 투자로 사고파는 일은 비난받을 수 있다. 그러나 어쩔 수 없다. 자본주의 속성이기 때문이다. 자본주의 경제체제를 유지하는 모든 나라에서 부동산은 투자 목적으로 거래되고 있다. 법이나 규제로 강제하지 않는 한 막을 수 없는 일이다. 인플레이션이 지속되는 자본주의 경제에서 부동산 투자는 선택이 아니라 필수 조건이다. 돈의 가치가 떨어질수록 공급이 한정되어 있는 부동산은 가격이 상승할 수밖에 없기 때문이다.

이런 차원에서 정부도 부동산 투자, 투기를 하지 말라는 공염불 같은 엄포를 놓을 것이 아니라 불가피성을 인정하고 부작용을 최소화하기 위한 노력에 집중해야 한다. 통계청 자료에 의하면 2018년 기준 국내에서 가장 많은 집을 소유한 사람은 무려 1,806가구를 보유하고 있었다. 이 사람은 2016년 1,246가구를 소유하다 2017년 200여 채, 2018년에는 300채가 넘은 주택을 사들였다. 2018년 기준 다주택자 상위 10명의 1인당 평균 보유량은 560가구로 조사되었다. 이들이 가진 주택은 총 5,598가구였다. 누군가는 계속 투자 목적으로 사고 있는데, 무주택자나 1주택을 보유한 사람들한테 집을 투자로 사지 말라고 하는 건 공정의 문제다.

프랑스 샹송 가수 에디트 피아프는 파란만장한 삶을 살다가 47세에 삶을 마감했다. 수많은 명곡을 남긴 그녀가 삶을 마감하기 전 마지막 남긴 노래는 〈난 후회하지 않아요(Non, Je ne regrette rien)〉다. 그녀가 후회하지 않았던 이유는 분명 열심히 행동했기 때문이라고 생각한다. 후회하지 않으려면 행동해야 한다. 투자의 중요한 원칙이다.

"확대경으로 음료수를 들여다보면 물에는 육안으로 보이

지 않는 조그만 벌레가 우글거린답니다. 보고는 못 마시지. 안 마시면 목이 마르지. 두목, 확대경을 부숴버려요. 그럼 벌레도 사라지고, 물도 마실 수 있고, 정신이 번쩍 들고."

《그리스인 조르바》에서 주인공 조르바가 두목에게 하는 이야기다. 확대경을 부숴야 물을 마실 수 있다. 바로 행동이다. 행동은 부동산 투자에서 중요한 원칙이다.

6장

주식 투자, 언제(when)보다
무엇(what)에 집중하라

동학개미와 로빈후드, 개인투자자들의 반란

코로나19로 인해 주식시장이 크게 하락했다가 예상보다 빠르게 반등하면서 주식 투자에 사람들의 관심이 쏠리고 있다. 아니 관심을 넘어 당장이라도 어떤 주식이든 사야겠다는 조급함도 보인다. 2020년 1월부터 7월까지 개인투자자는 국내 증시에서 주식을 46조 원 매수했다. 역대 최고 수준이다. 해외 주식 투자도 12조 원을 넘어서고 있다. 주식을 매수하고자 대기하는 자금은 50조 원에 달한다. 2019년 예탁금은 27조 원에 불과했다. 순매수액과 예탁금을 합치면 100조 원을 넘어선다.

　　2020년 주식시장에서 벌어진 개미들의 투자는 일종의 동학운동에 비유되며 큰 반향을 일으켰다. 이후 이렇게 주식시장에 적극적으로 참여하는 개인투자자를 '동학개미'라고 부르기 시작했다. 코로나19가 확산되자 한국 주식시장에서 외국인들의 매도가 증가했다. 2020년 3월 들어 10조 원에 달하는 한국 주식을 매도했다. 외국인 매도가 증가할 때 매도물량을 받아들인 주체는 개인이었다. 이 개인들이 약 9조 원에 이르는 주식을 매수한 것이다.

동학개미가 가장 많이 매수한 종목은 무엇이었을까? 기간별로 다를 수 있으나 코스피가 반등하기 시작한 3월 20일부터 한 달간 개인이 가장 많이 산 종목은 삼성전자였다. 다음으로 SK하이닉스, 포스코, 기아차, 현대차 매수가 많았다. 결과는 어땠을까? 물론 판단하기 이른 시점이지만, 개인이 매수한 상위 10개 종목 상승률은 30%에 그쳐 코스피 상승률 33%에 미치지 못했다.

하락하는 주식시장에 개인투자자가 뛰어든 때는 과거에도 같았다. 글로벌 금융위기가 본격화되면서 주가가 하락하기 시작한 2007년 11월부터 2008년 10월까지 6조 원 넘는 주식을 개인이 매수했다. 반면 외국인은 42조 원의 주식을 팔아 치우며 한국 주식시장에서 나갔다. 서브프라임 금융위기 때도 개인들은 명칭만 달랐을 뿐 지금과 똑같이 개미 운동을 벌였다.

흥미로운 점은 서브프라임 당시 개인들이 가장 많이 산 종목은 LG디스플레이였다. 다음으로 대우조선해양, STX팬오션, STX조선이었다. 현재 시점에서 성과는 어땠을까? 2008년 5만 원에 이르던 LG디스플레이 주가는 현재 1만 2,200원이다. 주가로만 보면 무려 76%가 하락했다. 개인들이 열광했던 조선 주식들은 어땠을까? 25만에 이르던 대우조선해양 주가는 지금 2만 원대에서 거래되고 있고 3만 5,000원이었던 삼성중공업 주가는 5,500원이다.

2020년 7월 한 달간 주식시장에서 가장 큰 뉴스 가운데 하나가 신풍제약이었다. 7월 1일 2만 9,250원 하던 주가가 22일 12만 3,000원으로 급등했기 때문이다. 한 달 채 되지 않아서 무려 네 배 이상 상승했다. 개인 매수가 집중되었다. 1,000만 원을 투자했다면 3,000만 원 수익을 낼 수 있었다. 장 중 시가총액이 한때 8조 원을 돌파하기도 했다. 신풍제약이 상승한 직접적인 이유는 없다. 단지 주가만 변동했다. 연일 상승하던 주가는 7월 24일을 기점으로 하락하기 시작한다. 하락과 회복을 반복하던 주가는 7월 31일 6만 9,000원으로 마감했다. 일주일 만에 고점 대비 44% 하락했다. 이후 주가는 다시 20만 원대로 상승했고 10월 초 13만 원대를 유지하고 있다. 주가가 급등하면서 회사는 자사주를 매각했다.

미국에서도 한국과 유사하게 '로빈후드'라고 불리는 개인 투자자가 주식시장에 대거 유입되었다. 로빈후드라고 부르는 직접적인 이유는 개인들이 무료 주식 거래앱인 로빈후드를 이용해서 주식 거래를 하기 때문이다. 2020년 6월 기준 로빈후드 앱 이용자는 1,300만 명에 이르고 평균 연령은 31세로 조사되었다. 이들은 코로나19 이후 주식시장이 큰 타격을 입었을 때 적극적으로 주식을 매입했다. 로빈트랙(RobinTrack, 특정 주식을 보유한 로빈후드 사용자 수를 추적하는 사이트)에 따르면 로빈후드 앱에서 가장 많이 매수한 주식은 제너럴일렉트릭(GE) -8%이었고, 아메리칸항공(AAL) −15%, 디즈니(DIS) −7%, 델타항공(DAL) −12%, 카니발(CCL) −14, 고프로(GPRO) −13%, 오로라대마초(ACB) −8% 등을 매수했다. 한국 동학개미와 비교할 때 미국 로빈후드 투자 성과는 상당히 저조하다.

한국과 미국의 개인투자자를 보면 흥미로운 공통점이 발견된다. 개인투자자는 주가가 빠질 때 적극적으로 매수에 나선다. 일반적으로 개인은 주식을 많이 보유하지 않기 때문에 주가가 하락할 때 적극적으로 매수하는 경우가 많다. 반면 그동안 계속 주식을 보유하던 기관투자자는 주가가 갑작스럽게 빠질 때 대응하기가 쉽지 않다. 기관투자자의 경우 주식 비중이 상대적으로 높기 때문이다. 매수한 종목을 살펴보면 시가총액이 큰 종목 주식 가운데 개인투자자에게 친숙한 종목을 매수했다. 한국의 경우 삼성전자, SK하이닉스 등 반도체 주식이었으며 미국은 GE, 항공주, 디즈니 등이었다. 다행히 한국은 성과가 나쁘지 않았으나, 미국 개인투자자의 성과는 저조했다. 개인투자자의 매수를 보면 단기 투자 성격으로 많이 오르거나 많이 하락하는 주식을 중점적으로 매매하는 모습이 나타난다. 신풍제약처럼 개인들은 상대적으로 변동성이 큰 주식을 좋아하는 경향이 있다.

개인들은 자산 배분보다 고수익을 추구하는 고위험 주식을 선호한다. 높은 수익만이 주식 투자 목표라고 생각하기 때문이다. 또한 개인들은 역추세추종 거래(negative feedback trading) 행동을 보이는데, 주식가격이 떨어지는 종목을 매수하고 반대로 가격이 상승하는 종목을 매도한다. 이런 특징은 주가 하락기에 주로 나타나며, 주식시장이 하락하는 동안 개인투자자는 주가가 더 많이 하락한 주식의 매수 비중을 높인다. 주가가 많이 상승한 제약, 바이오나 소프트웨어 기업의 투자 비중은 낮은 반면 코로나19 영향이 더 큰 항공업, 에너지 업종, 여행, 레저업, 유틸리티 산업, 디스플레이, 자동차 기업의 매수 비율은 높게 나타난다. 또한 개인들은 주식을 매수할 때 적극적인 차입에 나선다. 최근 개인투자자 주식 순매수 금액의 35%는 차입자본으로 추정된다. 개인 신용융자 잔고가 크게 증가한 이유다.

주식시장이 하락했을 때 개인투자자가 주식 투자에 나서는 모습은 매우 긍정적이라고 할 수 있다. 변화를 인정한다면 투자 시 싼 가격에 매수하는 것은 항상 정답에 가깝기 때문이다. 그러나 투자 종목과 방법을 보면 투자 위험이 크다고 판단할 수 있다. 미국에서는 파산 위험 가능성이 있는 허츠(Hertz) 주식에 개인 매수가 몰렸었다. 단기간에 급등했다가 바로 폭락했다. 단순히 주가 하락만 보고 매수했다가 오르지 못하고 있는 종목이 많은 상황이다. 개인투자자의 성공 여부는 시간이 어느 정도 지나야 설명할 수 있다. 그런데 한 가지 확실한 점은 주가가 빠질 때 매수하더라도 종목 선택에 따라서 성과가 매우 달라진다는 점이다. 개인투자자가 시장에 몰려드는 상황에서 투자 성과는 실력에 따라서 판명될 것이다. 문제는 실력이다.

골든 크로스

코로나19 이후 하락장의 의미

코로나19 이후 2020년 3월 2,000을 넘나들던 코스피지수 (KOSPI)가 열흘 동안 28% 이상 하락하면서 3월 23일 1,482를 기록했다. 단순 지수 변화로만 보면 서브프라임 이후 최대폭으로 하락했고 주식시장은 10년 전 2009년으로 다시 돌아갔다. 주가가 단기간에 가파르게 하락한 모습은 이례적이었다. 인류가 역사상 경험해보지 못한 전염병 유행으로 하락한 주가는 사람들을 당혹스럽게 만들었다.

3월에 크게 하락한 주식시장은 이제 빠르게 회복하여 코로나 이전보다 더 상승한 상황이다. 미국 시장은 역사상 최고점을 향해 달려나가고 있다. 코로나19의 영향이 계속되는데도 증시가 상승하는 이유는 무엇일까? 중앙은행과 정부가 막대한 돈을 쏟아부었기 때문이다. 미국 연방준비제도는 기준금리를 제로로 낮췄다. 기본적으로 금리가 낮아지면 자산 가격이 상승하게 돼 있다. "중앙은행에 맞서지 마라(Don't fight the Fed)"라는 말은 주식시장의 오랜 조언이다.

코로나19 이후 주식시장은 '빠른 주가 하락 이후 빠른 주가 회복'으로 요약할 수 있다. 과거에도 최근처럼 주식시장의 변동이 컸던 경험이 있다. 그러나 과거와 다른 차이가 있다. 격차가 훨씬 커졌다. 국내 코스피지수 시가총액 상위 종목 가운데 코로나19 이후 주가 변화를 보면 바이오 주식을 제외하고는 대부분 유사하게 하락했다. 그러나 하락 이후 회복과 상승률은 달

코로나19 유행기 코스피와 국내 주요 기업의 주가 하락률과 회복률

	3월 6일	3월 23일	5월 26일	하락률	회복률
코스피지수	2,040	1,482	2,030	-27%	37%
삼성전자	56,500	42,500	49,250	-25%	16%
SK하이닉스	92,600	69,400	81,900	-25%	18%
삼성바이오	491,000	436,000	645,000	-11%	48%
NAVER	179,500	143,000	239,000	-20%	67%
셀트리온	177,500	175,000	214,500	-1%	23%
LG화학	400,000	268,000	414,000	-33%	54%
삼성SDI	316,500	218,500	388,000	-31%	78%
카카오	175,500	143,500	270,000	-18%	88%
현대차	110,500	68,900	97,800	-38%	42%
현대모비스	203,000	133,500	195,000	-34%	46%
SK텔레콤	222,500	165,500	212,000	-26%	28%

랐다. 대표적으로 삼성전자의 경우 코로나19 이후 25%가 하락한 이후 지수가 회복되는 시점까지 상승률은 16%에 불과했다. 반면 카카오는 코로나19 이후 18%가 하락한 이후 주가상승률이 88%에 달했다.

코로나19 이후 경제 위축 우려로 금리 인하와 양적 완화를 공격적으로 단행해서 주가가 회복하고 상승했다. 그러나 과거와 달리 모든 주식이 좋아지는 것이 아니라 차별적으로 상승하고 있다.

한국뿐만 아니라 미국 증시도 마찬가지다. 코로나19 이후

코로나19 유행기 미국 주가지수와 미국 주요 기업의 주가 하락률과 회복률

	2월 21일	3월 23일	6월 1일	하락률	회복률
다우산업	28,992	18,592	25,475	-36%	37%
나스닥	9,577	6,861	9,552	-28%	39%
뱅크오브아메리카	34	18	25	-47%	37%
셰브론	109	54	93	-50%	72%
월트디즈니	139	86	119	-38%	38%
GE	12	6	7	-50%	17%
골드먼삭스	231	135	200	-42%	48%
존슨앤존슨	150	111	147	-26%	32%
도미노피자	372	324	384	-13%	19%
애플	313	224	322	-28%	44%
마이크로소프트	179	136	183	-24%	35%
아마존	2,096	1,903	2,471	-9%	30%
알파벳(구글)	1,483	1,054	1,435	-29%	36%
페이스북	210	148	232	-30%	57%
인텔	64	50	62	-22%	24%
엔비디아	294	213	352	-28%	65%
페이팔	119	85	155	-29%	82%
테슬라	901	434	898	-52%	107%

일부 종목을 제외하고 대부분 하락했다. 그러나 하락한 이후 회복하는 시장에서는 주가 상승이 차별적으로 나타나고 있다. 시장별로 구분해보면 절대 주가 수준에서 전통산업이 모여 있는 다우보다 첨단산업이 집중해 있는 나스닥 지수 회복이 빨랐다.

종목별로 구분해보면 골드먼삭스, 존슨앤존슨 등 은행과 전통 소비주보다 페이팔, 엔비디아, 페이스북, 애플 등 테크주에서 상승세가 돋보였다.

차별화된 시장 변화 속에서 워런 버핏의 대규모 손실과 애플을 통한 이익 증가 소식은 상징적인 뉴스다. 버핏이 이끄는 버크셔해서웨이는 2020년 1분기 순손실을 기록했다. 대규모 주식 평가손실이 약 60조 원 발생했다. 버핏은 2월부터 투자한 항공주식을 대량으로 매도했고 셰일가스 투자에서도 큰 손실을 기록했다. 처음으로 화상으로 진행한 주주 총회에서 항공주 투자는 자산의 실수였다고 밝혔다. 12조 원 투자한 셰일가스 회사 옥시덴탈에서도 손실이 컸다. 버핏은 3월 주가가 하락했을 때 다른 회사 지분을 늘리거나 자사주 매입을 왜 하지 않았는가라는 질문에 매입하기에 매력적인 가격이 아니라고 판단했다고 답변했다. 버핏이 항공주와 은행을 손절한 이후 오히려 주가가 급반등하면서 투자 현인 워런 버핏의 명성에 흠집이 생겼다. 주식 평론가들은 버핏도 이제 한물갔다며 떠들어대기 시작했다.

2분기 버크셔해서웨이 실적은 반전이었다. 8월 8일 발표된 버크셔해서웨이의 2020년 2분기 순이익은 31조 원을 기록하여 2019년 2분기보다 86% 증가했다. 이익이 증가한 이유는 애플 때문이었다. 버핏은 애플에 920억 달러 투자하여 전체 포트폴리오 2,070억 달러 중 44%를 애플로 채웠다. 버핏도 전통주식에서는 대규모 손실을 기록했지만 테크주에서 이익을 증가시켰다. 가치투자의 대명사인 버핏은 성적표를 보고 어떤 생각을 했을까?

　전문가들은 코로나19 이후 일종의 전통산업 주식 또는 가치주(상대적으로 기업가치가 시가총액보다 싼 경우)보다 성장주로 대표되는 테크주의 가격이 더욱 가파르게 상승하는 이유를 희소성에서 찾고 있다. 저성장, 저금리 구조에서 성장하는 기업은 소수이기 때문에 가치 평가가 높다는 논리다. 따라서 역설적이지만 금리가 낮아질수록 성장주에 대한 관심이 커질 것으로 예상된다. 또한 코로나19 이후 경제가 침체하겠지만 오히려 성장하는 분야가 나올 수 있다는 기대감이 반영되고 있다. 가령 코로나19로 전통 유통보다 전자상거래(e-commerce) 시장이 급성장하거나 비대면 관련 회사가 빠르게 성장하리라는 기대감이 있다.

주식시장과 실물경제 간에 벌어지는 격차

주식시장은 경제 상황을 반영한다. 경제가 좋아지면 주가는 상승하고 경제가 나빠지면 주가는 하락한다. 일반적인 상식이다. 그러나 코로나19 이후 경제와 주식시장은 별개의 세상이 되고 있다. 실업자 수가 증가하고 GDP 성장률이 마이너스가 되어도 주식시장은 독야청청 상승세를 이어가고 있다.

　2020년 6월 25일 IMF는 금융안정보고서(GFSR)를 통해 코로나19 이후 진행 중인 실물경제와 주식을 비롯한 금융시장의 괴리 현상이 자산가치 조정으로 이어질 수 있다는 우려를 나타냈다. IMF는 기업의 수익 창출 능력과 배당 여력 등을 바탕으로 주가 수준을 분석해 0~100의 값을 매겼다. 주가 수준이 100에 가까울수록 기업가치 대비 주가가 높다고 판단한다. 미국과 일본 증시 모두 100에 가까웠다. 중국과 유럽도 90에 가까워 높은 수준으로 나타났다. 주식시장이 경제 상황과 비교하여 과도하게 상승했다는 이야기다.

주식시장이 빠르게 회복한 이유는 주요국 중앙은행이 통화정책을 공격적으로 완화했기 때문이다. 실물경제와 주식시장 간에 격차가 커지는 현상을 이해하려면 통화정책과 재정정책의 전통적인 역할에 대해 고민해볼 필요가 있다. 재정정책(Fiscal policy)은 정부 지출이나 조세 징수액을 변화시켜 총수요에 영향을 주려는 정책을 의미한다. 불황이 닥쳤을 때 실업, 임금 감소, 불확실성을 이유로 사람들은 소비를 줄이게 된다. 민간 부분이 소비를 줄이면 정부가 적극 나서서 소비를 증가시켜 경제를 회복하려는 방법이 재정정책이다. 코로나19 이후 재난소득, 임대료 보조, 복지 지출 확대가 재정정책에 속한다고 볼 수 있다. 통화정책은 경기를 회복하기 위해 통화량을 늘리거나 과도한 인플레이션을 방지하기 위해 통화량을 줄이는 정책 등을 말한다. 불황일 때 시중에 통화가 많아지면 물가가 싸져서 소비가 늘어날 수 있다는 전제로 통화정책이 사용된다.

일반적으로 재정정책은 경제가 공황에 빠지거나 경기가 심각하게 위축되었을 때 사용한다. 반면 통화정책은 인플레이션을 억제하거나 상대적으로 심각하지 않은 불경기를 극복하기 위해 사용된다. 여기서 주목하는 건 통화정책의 한계점이다.

1930년대 미국 연방준비제도이사회에는 지급준비금이 넘쳐났다. 그런데 은행들은 빌리려 하지 않고 개인들도 대출을 하지 않았다. 언론에서는 다음과 같은 말을 만들었다. "줄을 당길 수는 있지만 밀어낼 수는 없다." 즉 돈을 많아지게 할 수는 있지만 쓰게 하지는 못한다는 의미다. 코로나19 이후 불황을 극복하기 위해 전 세계 중앙은행은 금리를 인하하고 적극적인 통화정책과 양적 완화를 시행했다. 그러나 금리 하락에 따라 사람들이 어떤 행동을 취할지는 미지수다. 적극적인 통화정책에도 사람들은 소비를 늘리기보다 극심한 경기후퇴를 걱정하면서 새 차나 텔레비전을 사는 데 주저하고 있다. 기업들도 낮은 금리에 돈을 빌려준다고 해도 투자할 생각이 없다. 줄을 밀어낼 수 없는 것이다. 말을 물가로 데려갈 수 있지만 물을 먹는 건 말에게 달려 있다. 통화정책의 한계점이다. 그래서 전통적으로 경기가 불황일 때는 유효수요를 바로 증가시킬 수 있는 재정정책을 쓴다. 반대로 줄은 당길 수 있기 때문에 경기가 호황이고 인플레이션이 우려될 때는 통화정책이 유효하다.

바로 이 통화정책의 한계점 때문에 주식시장과 실물경제 간에 차이가 발생한다고 할 수 있다. 정부는 돈을 풀지만 사람들은 바로 쓰지 않는다. 대신 넘쳐나는 돈이 주식시장으로 흘러들어간다. 반면, 쓰지 않기 때문에 예금도 동시에 증가한다.

주식시장과 실물경제의 괴리를 다른 시각으로 분석하기도

한다. 일반적으로 실물경제는 모든 경제를 반영한다. 주식시장은 초우량 기업들만 일부 반영한다. 따라서 우량한 기업들이 상장된 주식시장은 현재 경제 상황과 언제든지 괴리를 보일 수 있다. 코로나19도 주식시장과 실물경제 간에 차이를 일으킨 원인이 될 수도 있다. 코로나19로 줌, 페이팔, 카카오, 네이버 등 언택트(untact) 회사와, 머크, 중국 항서제약 등 바이오(bio) 회사, 애플, 아마존, 페이스북, 구글 등 빅테크(big tech) 회사가 과거보다 성장 가능성이 더 커졌다. 전체 경제는 어려운데 일부 산업은 오히려 수혜를 받았다는 평가다. 관련 회사들이 주식시장을 주도하는 상황이라서 버블이 될 수 없다는 논리다. 현재 특수한 상황이 존재하고 있기 때문에 단순한 평균 함정에 빠져서는 안 된다는 뜻이기도 하다. 주식시장이 오히려 싸다는 이야기도 있다. 금리가 너무 낮아져서 주식의 대체재인 채권 가격이 급등한 상황이다. 국채는 심지어 마이너스 금리다. 채권과 비교하면 현재 주가는 오히려 싸다고 판단할 수 있다.

주식시장과 실물경제와의 차이를 설명하는 여러 가지 이야기가 많다. 그러나 핵심은 한 가지다. 불황을 이겨내려면 통화정책으로 적극적으로 사용한다는 것. 돈이 넘쳐나고 있는데 아직 실물경제, 즉 소비 증가로 이어지지 않고 있다. 돈의 일부는 저축으로, 나머지는 주식과 부동산으로 흘러가고 있다. 결국 관건은 증가한 돈이 실물경제로 흘러갈 수 있느냐는 점이다.

주식시장에 참여한 사람들은 모두 기대를 하고 있다. 돈이 실물경제로 갈 수 있다고 믿는다. 그래서 시간이 지나면 경기가 빠르게 반등하리라 생각하고 미리 주식시장에서 그 시기를 기다리고 있다. 이런 상황을 어떻게 해석해야 할까? 답은 중립이다. 맞을 수도 있고 틀릴 수도 있다. 즉 버블일 수도 있고 아닐 수도 있다. 이 무슨 아리송한 말인가?

주식 투자는 왜 예측이 중요한가

가상의 연구실에서 코로나 사태로 상위 소득층과 하위 소득층 가운데 어느 쪽의 행복이 더 감소할지를 분석했다. 담당 연구원은 초기에 "하위 계층의 행복감이 더 하락했다"라는 결과를 발표했다. 참석자와 다른 연구자들은 전혀 놀라지 않고 당연하다고 생각했다. 실직, 수입 감소, 자산 부족으로 인한 불안감으로 하위층이 느끼는 행복 감소는 불가피하다고 모두 인정했다.

며칠 후, 연구를 수행했던 연구원은 오류를 발견하고 결과를 다시 발표한다. "처음에 발표한 것과는 반대로 상위층의 행복감이 소득 하위층보다 더 크게 감소했습니다." 데이터에 대한 분석이 잘못된 것이 아닌지 질문이 쏟아진다. 그러자 연구원은 "코로나19로 인해 상위층의 여가 활동이 대폭 위축되면서 행복감이 크게 하락했습니다. 처음부터 하위 계층은 여가 활동이 많지 않았기 때문에 행복 감소폭만 생각하면 상위층이 훨씬 컸습니다"라고 말했다.

또 다른 주제, "외향적인 사람과 내성적인 사람 가운데 코로나 기간 중 누가 더 힘들었을까?"도 연구했다. 내성적인 사람은 평상시에도 사회적 거리 두기를 했기 때문에 코로나 기간에도 행복 감소가 크지 않았을 것이라고 대다수 연구진은 동의했다. 물론 반대 의견도 존재했다. 외향적인 사람은 사회적 거리두기 때문에 다른 사람을 직접 만나지는 못하지만 SNS나 화상통화 등을 통해 관계 유지가 가능하기 때문에 행복감 하락이 더 적을 것이라는 의견이었다. 제3의 소수 의견도 존재했다. 행복에 미치는 성격의 힘이 워낙 강고하기 때문에, 코로나 상황에서도 외향적인 사람과 내성적인 사람의 행복 차이는 그대로 유지될 것이라는 예측이었다.

초기 분석을 담당한 연구원이 "코로나 기간 동안 행복이 감소하는 데 성격의 차이는 별다른 영향을 주지 않았다"라는 분석 결과를 보고했다. 성격과 행복에 관한 기존 연구에 근거해 얼마든지 설명 가능한 결과였다. 연구진은 성격의 위력을 밝힌 기존 연구에 대해 경쟁이나 하듯 언급하기 시작한다. 며칠 후, 초기 분석 결과가 바뀌었다. 외향적인 사람의 행복감 하락이 더 큰 것으로 밝혀졌다. "그러면 그렇지"라는 교수의 반응을 신호로 모든 연구원이 외향적인 사람의 행복감이 더 하락할 수밖에 없는 이유를 거론하기 시작한다. '사회적 거리 두기'가 외향적인 사람에게 치명적일 수밖에 없는 이유가 연구진의 의식에서 점점 더 명확해졌다.

여기까지의 이야기는 모두 서울대 최인철 교수가 만든 가상 연구실 이야기다. 여기서 우리가 연구진의 연구 결과보다 주목해야 할 지점은 어떤 결과가 나와도 그 결과에 맞게 해석과 설명이 가능한 상황이다. 이 점이 중요하다. 주식시장도 그렇기 때문이다.

코로나19라는 경험하지 못한 위기를 겪고 있는 상황에서 실물경제와 주식시장의 격차가 커지고 있다. 실물경제와 주식시장의 괴리가 커지자 투자자들은 처음에 과도하다는 반응이었다. 실업률이 급증하고 경제성장률이 마이너스로 바뀌는 상황에서 전문가들조차 주식시장이 버블이라고 말했다. 그러나 테크 기업 중심으로 주가가 더욱 빠르게 상승하자 전문가들은 그에 맞춰 설명하기 시작했다. 통화정책 효과, 우량기업에 대한 영향력 확대, 코로나19로 인해 오히려 성장하는 기업, 저금리로 인한 투자 자금 유입 등 실물경제와 다르게 주가가 오르는 이유는 수없이 많다.

원인이 결과를 만들어내고 있는 상황이 아니라 결과가 새로운 원인을 만들어내고 있다. 이미 벌어진 일에 대한 설명은 투자에 전혀 도움이 되지 않는다. 투자에서는 예측이 중요하다. 현재 상황을 설명하고 그에 따라 투자를 한다면 항상 시장을 쫓아다니고 심리에 이끌려 매수와 매도를 반복하게 된다. 예측을 통해 투자하고 변화를 읽어야 한다.

본질을 가리는 투자심리

만유인력 법칙을 만든 과학자 뉴턴은 주식 투자에 열심이었다고 한다. 합리적이고 이성적이며 똑똑한 과학자가 주식 투자를 했다면 과연 결과는 어땠을까? 아쉽게도 뉴턴은 주식 투자로 이익보다 손실이 컸던 것으로 유명하다. 뉴턴은 1720년 주식시장 역사상 첫 번째 버블로 알려진 영국 남해회사(South Sea) 주식에 투자해 전 재산의 90% 이상을 날렸다. 처음에는 남해회사 주식에 투자해 큰 수익을 얻었다. 문제는 이후에 발생한다. 수익을 얻고 주식을 처분했으나 남해회사 주가가 3개월 만에 세 배 이상 상승한 것이다. 투자 기회를 놓쳐 괴로워하던 뉴턴은 주식을 팔지 않은 사람들을 보면서 엄청난 질투심에 사로잡혔다. 뉴턴은 매도로 잃은 수익을 만회하겠다는 생각으로 돈까지 빌려서 다시 남해회사에 재투자한다. 하지만 수개월 만에 남해회사 주식은 폭락하고 만다.

뉴턴의 일화는 주식 투자가 사람의 심리에 얼마나 크게 영향을 받는지를 단적으로 보여준다. 주식시장은 사람이 움직이기 때문이다. 따라서 사람의 심리가 주식시장에 큰 영향을 줄 수 있다. 최근에 가장 주목받는 투자심리는 '두려움(FOMO)'이다. FOMO는 "fear of missing out"의 약자로 소외될지 모른다는 공포심리를 말한다. 투자자들은 코로나19 이후 지속 상승하는 주식시장에서 소외될까 봐 두려워하고 있다. 최근 높았던 수익률을 보고 만회하려는 마음으로 투자에 나선다. 특히 수익률을 만회하려는 욕심이 커지면 투자 금액이 커진다. 투자 금액이 크면 수익률이 낮더라도 이익은 커질 수 있기 때문이다. 뉴턴도 FOMO 영향으로 큰 손실을 경험했다.

'확증 편향(confirmation bias)'도 주식 투자에서 주목해야 할 심리 반응이다. 사람들은 스스로 가지고 있는 생각이나 신념, 전망에 맞는 증거만 찾으려는 확증 편향 심리를 가지고 있다. 확증 편향은 주식시장에도 적용된다. 투자자들은 상승장에서 자신이 보유한 종목의 주가가 더 오를 것이라는 긍정적인 정보에만 관심을 가진다. 반면 하락장에서는 주가가 더 하락할 것이라는 부정적인 정보에 더욱 민감하게 반응한다. 확증 편향 때문에 호재나 악재에 더욱 민감하게 반응하게 된다. 확증 편향은 초심자의 행운(beginner's luck)에도 영향을 미친다.

주식에 처음 투자하는 사람이 돈을 벌었다는 이야기를 자주 듣는다. 첫 주식 투자가 성공 확률이 높은 데는 나름 논리적인 이유가 있다. 주식 투자를 처음 하는 사람은 주식시장이 좋지 않을 때보다 좋을 때 진입하는 경우가 많다. 또한 주가가 상승하거나 우량주에 투자하는 경우가 많다. 주식시장은 일반적으로 추세적인 성격을 띠기 때문에 소액으로 투자한 주식이 오를 가능성이 크다. 문제는 초심자의 행운을 실력으로 생각하고 헛된 자신감에 무리한 투자에 나선다는 점이다. 손실이 발생하더라도 자신의 잘못을 인정하지 않고 외부에서 원인을 찾으며 더 크게 투자하게 된다. 악순환이 시작될 가능성이 크다.

'군중심리'도 시장에 영향을 미친다. 투자자들은 다른 투자자들이 많이 사는 종목을 따라 사는 경우가 많다. 사람들은 홀로 남겨지는 것을 두려워한다. 주식 투자에서도 군중심리가 작용하여 화제가 되는 종목이나 인기 있는 회사에 투자하려고 한다. 심리적 안정감을 주기 때문이다.

'소유 효과(endowment effect)'도 투자에서 주목해야 할 심리 반응이다. 사람들은 자신이 소유한 것을 더 높이 평가하려는 속성을 가지고 있다. 주식 투자에서도 투자자들은 자신이 보유한 종목 가치를 시장에서 생각하는 가치보다 높게 평가하려고 한다. 그래서 주가가 하락하는 상황인데도 인정하지 않고 보유한 종목을 팔지 못한다.

소유 효과는 '손실 회피 편향(loss aversion bias)'과도 관련이 있다. 사람들은 이익을 얻을 때 기쁨보다 손실에 대해 상실감을 더욱 크게 느낀다. 주식 투자를 해서 돈을 벌었을 때보다 잃었을 때 심리적 충격이 더욱 크다는 의미다. 손실에 대한 걱정이 더욱 크기 때문에 사람들은 이익이 나고 있는 종목을 빨리 팔아버린다. 반대로 손실이 나고 있는 종목은 팔기보다 장기 보유한다. 손실을 확정하는 것을 더욱 싫어하기 때문이다. 손절매 시점을 놓쳐 비자발적으로 장기투자하는 경우가 대부분 손실 회피 편향이 작용하는 이유다. 이뿐만 아니라 손실 회피 경향으로 주가가 하락할 때 주식을 더 사서 매매 단가를 낮추기도 한다.

주식시장은 이렇듯 투자자들의 다양한 심리가 얽혀서 변화한다. 문제는 심리가 하나의 시장 변동 요인은 될 수 있으나 전부는 될 수 없다는 점이다. 투자자들의 심리대로 시장이 변화한다면 심리를 잘 따라 하면 투자에 성공할 수 있다. 그러나 주식시장은 심리뿐만 아니라 경제 상황, 정책, 금리, 기업 실적, 스토리 등 다양한 요인들이 어우러져 변화하게 된다. 심리에 따라 과잉 반응하면 투자에 실패할 수밖에 없다. 뉴턴을 기억해야 한다.

주식 투자 원칙 1
가격이 떨어질 때마다 꾸준히 매수하라

주식과 관련된 수많은 이야기 가운데 단연코 최고는 워런 버핏의 이야기다. 버핏은 투자를 삼진 아웃이 없는 야구에 비유한다. 시간에 쫓기지 말고 가장 좋은 회사를 골라서 투자하라는 말이다. 그는 좋은 공이 올 때까지 기다려야 한다고 말한다. 사람들이 이렇게 소리칠 수도 있다. "휘두르라고 멍청아!" 그래도 버핏은 "무시하세요. 자신이 원하는 공만 치면 됩니다"라고 말한다.

버핏의 조언은 주식 투자에서 중요한 여러 가지를 말해준다. 우선 "휘두르라고 멍청아!" 부분이다. 사람들은 주식 투자를 너무나 가볍게 생각한다. 가장 많이 하는 실수가 휘두르는 것이다. 사람들은 성공하려면 행동해야 한다고 쉽게 말한다. 복권도 사야 당첨이 되지, 마냥 기다리기만 하면 안 된다고 말이다. 그러나 기다리는 것도 투자의 한 방법이다. 행동해야 한다는 말은 성장 시대에나 통용되는 말이다. 저성장 시대, 불확실성 시대에는 움직이기보다 기다리는 것이 좋은 투자 방법이다.

'좋은 공'도 의미가 크다. 좋은 공은 시점을 말한다. 사람들은 주식 투자를 이야기할 때 항상 무슨 주식을 사야 하느냐고 묻는다. "요즘 무슨 종목이 좋아?" 그러나 현명한 투자를 위해서는 "지금 주식을 살 때야?"라고 동시에 물어봐야 한다. 주식 투자는 곧 회사 투자지만 성과는 주식을 언제 사느냐에 따라서 결정되기 때문이다.

삼성전자는 분명 좋은 회사다. 그러나 주가가 항상 좋았던 것은 아니다. 전문가들은 주식에 투자할 때 장기투자를 권하면서 좋은 회사 주식을 오랫동안 보유하라고 말한다. 장기투자 기간이 도대체 얼마나 되는지는 모르지만 무작정(?) 장기투자는 좋은 투자 전략이 아니다. 2017년 7월 31일에 주식을 매입해서 3년 이후 팔았다면 수익률은 20%다. 투자 기간이 3년이라면 충분히 장기라고 할 수 있다. 반면 2019년 2월에 매수했다면 수익률은 28%로 계산된다. 결과에 맞춘 조건일 수 있다. 그러니 결코 장기투자만이 좋은 전략은 아니라는 점을 알아야 한다.

투자에 있어서 모든 전제는 '타석에 들어서야 한다'는 것이다. 벤치에 앉아 있기만 하면 기다리는 의미도 없고 배트를 휘두를 수도 없다. 주식에는 삼진 아웃이 없다. 따라서 타석에 들어가서 자신이 가장 좋아하는 공을 기다리면 된다. 주식의 성과는 언제 사느냐에 따라서 결정된다는 이야기다. 그 '언제'는 가격을 이야기한다.

주식 투자에서 성공하는 방법은 간단하다. 현금을 가지고 주가가 가장 쌀 때 사면 된다. 그러나 현실적으로 어렵다. 부동산과 다르게 수요와 공급을 통해서 가장 쌀 때를 판단하기 어렵기 때문이다. 주가를 결정하는 수요와 공급이 탄력적으로 변화하기 때문에 벌어지는 현상이다. 주식 투자의 단점이다.

반면 주식 투자의 장점이 있다. 바로 유동성이다. 언제든지 사고팔 수 있다. 그렇다면 가장 좋은 매수 시점은 선택하는 것이 아니라 만들어내는 것이다. 가장 쌀 때를 고민하지 말고 가격이 하락할 때마다 매수하면 된다. 언제든지 사고팔 수 있는 장점을 활용하여 한 번에 매수하지 말고 하락할 때마다 꾸준히 분할 매수하는 것이 안정적인 수익률을 올리는 방법이다.

주식 투자에서는 기술보다 심리 상태가 중요하다. 가격이 오를 때는 더 많이 사고 싶고 가격이 하락할 때는 빨리 팔고 싶다. 변덕스러운 마음을 제어하려면 흔들리지 말고 구체적인 투자 원칙에 따라야 한다. '떨어질 때마다 매수한다'는 투자 원칙은 가격에 흔들리는 심리를 억제하고 안정적인 수익률을 올리며 최적의 매수 시점을 선택하는 가장 좋은 주식 투자 방법이다.

사람들은 내가 가지고 있는 회사 주가가 빠질까 봐 또는 내가 가지고 있는 주식 수익률이 다른 사람보다 낮을까 봐 주식 투자를 두려워한다. 그러나 주식이 빠질 때 산다고 생각하면 주가 하락을 두려워할 필요가 없다. 그리고 장기투자를 통해 수익률을 관리한다면 단기 수익률 비교로 조급해할 이유가 없다. 주식이 가진 유동성이라는 장점을 극대화하는 투자 전략이 필요하다. 그렇다면 이제 관건은 어떤 회사, 어떤 주식을 빠질 때마다 사야 하느냐는 점이다. 회사를 주목하는 이유다.

주식 투자 원칙 2
스토리가 있는 회사에 주목하라

주식을 투자하거나 회사를 평가할 때 투자자나 애널리스트는 숫자에 집중한다. 회사를 숫자로 판단하는 이유는 이해하기 쉽기 때문이다. 동일 업종에서 매출이 같다면 영업이익률이 높은 회사가 주가가 더 상승할 것이라고 말할 수 있다. 숫자를 보면 평가가 용이하고 직관적인 투자 판단이 가능하다. 통계라는 수치가 주는 믿음도 투자할 때 숫자에 집중하는 이유다. 불확실성이 넘쳐나는 투자에서 숫자는 투자자에게 신뢰를 준다. 그러나 숫자는 과거 지향적이며 편향의 여지가 존재한다. 또한 변화가 큰 시장에서 과거 매출이나 이익 성장이 앞으로의 성장을 담보한다고 말할 수 없다. 2008년 글로벌 금융위기는 숫자가 얼마나 허상일 수 있는지를 말해준 중요한 사건이었다.

주식 투자에서는 회사가 중요하다. 그런데 더 중요한 건 회사 자체보다 회사가 투자시장에서 어떤 평가를 받는지다. 단순히 숫자로 회사를 평가하는 데서 벗어나야 하는 이유다. 시장에서 어떻게 평가받는지를 판단하려면 숫자를 통해 기업의 스토리를 읽어야 한다.

주식 투자에서 성과를 높이려면 기업의 스토리 자체보다 스토리 변화에 주목해야 한다. 스토리는 외부 요인이 아니라 회사 자체의 변화를 통해서 바뀌어나간다. 상장, 신사업 진출, 인수합병, 경영자 교체, 신기술 개발, 투자, 자사주 매입, 구조조정 등 다양한 이슈를 통해 스토리가 변화하는 회사가 존재한다.

지속적인 고평가 논란에도 미국 나스닥 빅테크 기업의 기업가치가 지속 상승하는 이유 또한 성장 스토리를 이어나가고 있기 때문이다. 대표적으로 M&A를 통한 성장이다. 2020년 8월,

미국 S&P500지수에서 애플, 마이크로소프트, 아마존, 알파벳(구글) 그리고 페이스북이 차지하는 시가총액은 6조 달러(6,963조 원) 이상으로 전체 시장에서 20% 넘게 차지하고 있다. 1980년 이후 소수 회사 비중이 20%를 넘은 건 처음이다.

빅테크 5대 기업의 기업가치가 상승한 가장 큰 원동력은 성장이다. 저성장 시대에도 성장할 수 있는 기업들에 투자가 몰리고 기업가치가 상승하는 것은 당연하다. 흥미로운 점은 성장 이유다. 시대 변화에 맞춰 빅테크 5대 기업이 인수합병을 지속적으로 확대해나가고 있다. 1995년 이후 빅테크 5대 기업은 회사 인수에 약 2,000억 달러(232조 1,000억 원)를 지출했다. 2012년 페이스북은 인스타그램을 10억 달러(1조 1,605억 원)에 인수했는데, 인수한 이후 인스타그램의 기업가치는 100조 원이 넘는다. 페이스북은 이 외에도 오큘러스VR, 와츠앱 등도 인수했다. 아마존은 홀푸드마켓을 인수했다.

빅테크 기업은 인수합병을 통해 잠재적 경쟁회사를 없애고 사업 다각화와 집중화를 통해 또 다른 성장을 목표로 하고 있다. 빅테크 5대 기업이 보유한 현금은 571조 원이 넘는다. 이들 기업이 보유한 현금은 나머지 테크 기업 70여 곳이 보유한 현금 182조 원보다 세 배 넘게 많다. 571조 원은 현대자동차를 20개 넘게 살 수 있는 돈이다. 마이크로소프트는 지난달 5G 기술을 가진 메타스위치 네트워크를 인수했고, 아마존은 화물 운송 스타트업 비컨에 1,500만 달러를 투자했다. 애플은 지난 3월부터 가상현실 콘텐츠 스타트업 넥스트VR과 날씨 예보 앱 개

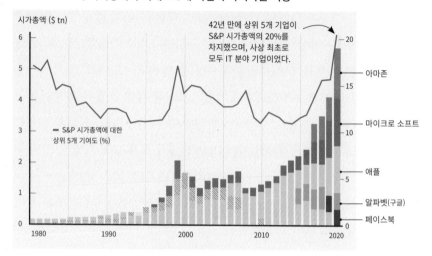

주식시장에서 빅테크 5대 기업이 차지하는 비중

시가총액 ($ tn)

42년 만에 상위 5개 기업이
S&P 시가총액의 20%를
차지했으며, 사상 최초로
모두 IT 분야 기업이었다.

— S&P 시가총액에 대한
상위 5개 기여도 (%)

아마존

마이크로 소프트

애플

알파벳(구글)

페이스북

1980년 이후 소수 회사가 시가총액의 20% 이상을 차지한 것은 처음이다.

발업체 다크스카이 등 세 곳을 인수했다.

　스토리 변화는 회사 성장을 가능하게 할 뿐 아니라 투자자들의 심리도 움직일 수 있다는 점에서 주목된다. 사람들은 숫자보다 스토리를 더 잘 기억한다. 일반적으로 사람들은 중국 관광객이 50% 증가했다는 이야기보다 중국 사람들이 정치적 관계로 일본보다 한국을 더 많이 방문한다는 스토리를 더 잘 기억한다. 스토리는 기억뿐만 아니라 행동을 자극한다. 행동의 직접적인 이유이기도 하다. 스토리가 중요한 이유다. 같은 숫자라도 스토리를 가지면 결국 기업가치를 높게 인정받을 가능성이 커진다.

반면 스토리가 가격을 결정할 때 위험이 존재한다. 스토리는 숫자가 가치로 넘어가는 다리 역할을 한다. 결국 중요한 것은 본질가치다. 가입자 수에 따라서 인터넷 스타트업 가치를 산정하는 경우가 많은데, 향후 이익과 가입자 수가 연관될 것이라는 스토리가 존재하기 때문이다. 그러나 다리가 끊어질 가능성은 언제나 존재한다. 특히 약한 다리일수록 더욱 그렇다.

2014년 미국의 엘리자베스 홈즈(Elizabeth Holmes)는 성공 신화를 이뤘다. 스탠퍼드 대학교 자퇴생인 홈즈가 건강 기술 스타트업 테라노스를 창업한 나이는 19세였다. 그녀는 바늘 고통 없이 소량의 피를 뽑아 저렴한 가격에 수백 가지 검사를 할 수 있는 기술을 개발하고 있다고 말했다. 혈액 검사 바늘의 섬뜩한 느낌을 알고 있고 이에 비싼 비용을 지불한 사람들은 열광했다. 테라노스는 스타트업으로 출발해 10년 만에 10조 원이 넘는 기업가치를 평가받는 회사로 성장했다. 그런데 비밀스럽게 매력적인 스토리를 만들던 회사는 2015년 10월《월스트리트 저널》기사로 몰락하기 시작한다.《월스트리트 저널》은 테라노스가 보유한 기술이 거짓임을 밝혀낸다. 퓰리처상을 두 번이나 수상한《월스트리트 저널》기자 존 캐리루(John Carreyrou)는 내부 고발자들의 증언과 방대한 취재를 기반으로 테라노스의 사기 행각을 보도한다.

회사가 스토리를 가지고 있느냐는 주식 투자에서 가장 중요한 판단 요소다. 회사를 판단할 때 어떤 스토리를 가지고 있는지 주목해야 한다. 가지고 있는 스토리가 성장에 맞춰 있다면 투자를 확대해야 하고 스토리가 이익 감소를 가리킨다면 투자를 피해야 한다. 시장을 이끈 주도주는 대부분 스토리에 기반한다. 스토리가 출발이다. 초과수익률을 추구한다면 스토리에 주목해야 한다. 중국을 이야기하면서 우리는 화장품 주식을 매수했고, AI 시대를 말하면서 테크 기업들을 주목하고 있다.

영국의 경제학자 존 메이너드 케인스(John Maynard Keynes)는 많은 투자자가 주식을 매수할 때 기업의 사업성이 아니라 시장 심리에 근거한 투기적 추정에 초점을 맞춘다고 이야기한다. 여기서 케인스의 유명한 비유가 등장한다. 바로 미인대회와 투자다. 미인대회 우승자는 당신이 보기에 가장 아름다운 사람이 선발되지 않는다. 평균적인 심사위원의 평균적인 의견에 따라 결정된다. 투자도 미인대회처럼 당신이 믿고 있는 것이 아니라 다른 투자자들이 믿고 있는 것이 무엇인지를 생각해야 한다. 회사의 스토리를 주목하는 이유다.

주식 투자에서 수익률을 높이려면 투자할 만한 대상을 찾은 다음 어떤 스토리로 성장할 수 있는지를 고민해야 한다. 스토리가 현재 어느 정도 현실화되고 있는지도 중요하다. 성장 스토리가 충분한 회사는 사실 투자 시점이 중요하지 않다. 전통 유통업체 시장을 잠식해가고 있는 전자상거래 시장의 선두주자 아마존은 1997년 상장 첫날에 주가가 1.5달러였다. 2020년 현재 주가는 3,000달러가 넘는다. 2000배 이상 상승했다. 100만 원을 투자했다면 20년이 넘었으니 20억 원이 되었을 것이다. 그렇다면 10년 전에는 어땠을까? 2010년 아마존 주가는 120달러 정도였다. 10년 전에 매입했더라도 주가 상승률은 25배에 이른다. 5년 전 주가는 300달러 내외였다. 과거 가격 상승만 보지 않고 회사의 성장 스토리에 집중했다면 5년 전 투자했더라도 원금의 10배가 넘는 수익을 얻었을 것이다.

주식 투자 원칙 3
매출과 주가를 함께 파악하라

기업 실적 자료를 보면 제일 먼저 매출이 나온다. 기업 경영이나 주식 투자에서 매출은 가장 중요한 의미를 갖기 때문이다. 주식 투자에도 매출이 중요한 판단 기준이 된다. 벤처투자자가 스타트업을 평가할 때 가입자나 사용자에 주목하는 이유도 매출로 연결될 가능성이 크기 때문이다. 통계적으로 보더라도 매출이 증가하는 회사 주가가 수익성이 개선되거나 배당을 많이 해주는 회사 주가보다 더 많이 상승한 것으로 나타난다. 회사 실적을 볼 때 투자로 본다면 매출을 주목해서 보는 이유다. 매출은 가능성을 의미한다.

　매출이 증가하는 이유는 여러 가지다. 그중 가장 주목하는 건 시장점유율(M/S) 확대다. 저성장으로 갈수록 시장 규모가 커지기 쉽지 않다. 새로운 시장을 창출하는 것도 만만치 않다. 고도화된 자본주의 시대에는 약탈적인 시장이 더욱 커지고 있다. 서로 빼앗고 빼앗기는 산업 구조에서 누가 먼저 매출을 증가시키면서 시장점유율을 확대하는지가 관건이다.

첫 아이폰을 기억하는가? 스티브 잡스가 만든 아이폰이 애플을 성장시킨 이유는 새로운 시장을 만들었기 때문이 아니다. 아이폰은 심지어 처음 만든 스마트폰도 아니었다. 최초의 스마트폰은 IBM사가 만든 사이먼(Simon)이었다. 그러나 사이먼을 기억하는 사람은 없다. 아이폰 매출이 증가한 이유는 새로운 시장을 창출해서가 아니다. 전화기, PC, 오락기, 사진기 등 기존의 전통시장을 잠식하면서 매출을 증가시켰기 때문이다.

사실 첫 발명은 역사 속에 남아 있을 뿐 산업에서 살아남은 경우는 많지 않다. 첫 발명들이 융합되어 제품과 회사가 만들어지고, 그 회사의 제품이 과거 산업을 압도하면서 시장을 가져오고 다시 성장시키는 패턴을 만든다.

오늘날 테슬라를 주목하는 이유는 전기차로 새로운 시장을 만들 것이라는 기대감이 아니라 기존 내연기관 자동차 시장을 침투해 압도할 수 있을 것이라는 기대감이 작용하기 때문이다. 일 년에 전 세계에서 약 9,000만 대의 차가 팔린다. 테슬라의 현재 연간 판매량은 약 9만 대 정도 된다. 내연기관을 파는 자동차 가운데 1위는 폭스바겐으로 연간 판매량이 1,000만 대 이상이다. 테슬라가 노력(?)한다면 매출을 약 100배 이상 증가시킬 수 있다. 과거부터 현재의 매출을 보고 기업의 성장 과정이 기존 시장을 침투해나가면서 시장점유율을 확대하고 있는지를 주목할 필요가 있다.

주가는 이익에 배수를 곱해서 결정한다. 이익은 회사의 본질을 말하며, 배수는 투자자들이 회사의 본질을 어떻게 평가하는지를 말해준다. 따라서 주가는 회사와 시장 평가에 따라 결정된다. 둘 다 중요하다. 좋은 회사와 좋은 주식이 다를 수 있는 이유다. 앞에서 스토리를 가지고 있고 매출이 증가할 수 있는 회사를 주목해야 한다고 말했다. 이제 주가를 이야기하려면 마지막으로 평가를 이야기해야 한다.

평가를 위한 고전적인 방법들이 있다. 대표적으로 주가수익비율(PER)과 주가순자산비율(PBR), 기업의 가치 분석 지표 가운데 하나인 이브이에비타비율(EV/EBITDA)과 현금흐름할인법(DCF)이 있으며, 최근에는 주가매출액비율(PSR)도 사용한다. 이 가운데 가장 손쉽게 사용하는 방법이 주가수익비율이다. 순이익에 과거 평균 주가수익비율 또는 유사한 회사가 현재 받고 있는 주가수익비율을 적용하여 적정 주가를 계산한다.

그런데 주가수익비율로 대표되는 전통적인 가치평가 방법에는 큰 문제가 있다. 바로 비정상성(nonstationary)이 고려되지 않는다는 점이다. 기본적으로 과거 또는 유사 회사와 주가를 비교하려면 통계적 특성이 같아야 한다. 그러나 시간에 따라 회사가 바뀌고 있거나 바뀌었다면 과거를 통한 평가는 잘못된 투자 판단을 이끌 수 있다. 과거의 비율은 현재 상황의 한 단면을 보는 데만 유용하다. 비교 회사도 마찬가지다. 사업이 달라지고 있는데 과거에 같은 사업을 했다는 이유만으로 비교 평가를 할 수 없다. 가령 중국 관광객이 넘쳐나던 상황에서 여행회사 주가 배수가 높았다. 그러나 코로나19 이후 중국 관광객 급감이 예상되는 시점에 과거 배수를 가지고 주가를 판단한다면 분명 주

주식을 평가하는 고전적인 방법

주가수익비율(Price-earnings ratio, PER)은 현재 주식가격을 주당이익(earnings per share)으로 나눈 비율로 현재 주가가 이익의 몇 배가 되는지를 나타낸다. 주식가격에는 기업의 미래 수익과 위험에 대한 시장 평가가 반영되어 있다. 따라서 투자자들이 기업의 미래 이익이 증가할 것으로 전망하면 PER이 높게 형성된다. 반면 기대가 작아질수록 PER은 낮아지게 된다. PER은 애널리스트가 주식가치를 평가할 때 자주 이용하며 주가의 저평가 여부를 판단하는 기준으로 사용된다.

주가순자산비율(Price-to-book ratio, PBR)은 현재 주가를 주당 순자산으로 나눈 값으로 현재 시장가치가 자기자본 대비 몇 배로 형성되어 있는지를 나타내는 비율이다. PBR은 주식가격 대 장부가치의 비율이므로 PBR을 결정하는 주요인은 미래 수익성이다. 즉 자기자본 비용보다 미래 수익성이 커질 것으로 전망되면 주식가격은 자기자본 장부가치보다 크게 되어 PBR이 1보다 크게 된다.

이브이에비타비율(EV/EBITDA)은 기업 전체 가치(EV, enterprise value)를 이자 비용, 법인세 비용, 감가상각비 및 무형자산 상각비 차감 전의 이익(earnings before interest, taxes, depreciation and amortization)으로 나눈 비율이다. EBITDA는 기업이 사용하고 계산한 감가상각에 영향을 받지 않으므로 투자 분석 실무에서 많이 쓰이는 이익 구분이다. EBITDA를 통해 기업이 영업을 통해 순수하게 벌어들이는 이익을 계산하고 그에 따라 기업가치를 비교적 정확하게 계산해낼 수 있는 장점이 있다.

가 산정이 잘못될 수 있다.

부동산처럼 수요와 공급을 판단하여 주가를 판단할 수도 있다. 그러나 주식은 거래가 빈번하고 주가 변화가 빠르기 때문에 수요와 공급의 논리로 주가 수준을 판단하기가 어렵다. 회사의 기업가치를 판단하는 여러 가지 훌륭한 방법이 많다. 주식 투자할 때 좋은 투자 지침이 된다. 그러나 가치평가 자체가 좋은 투자 방법이 되기는 어렵다.

현재 주가 상황에 대한 판단은 주식 투자에서 매우 중요하다. 그러나 기준은 흔들리고 변한다. 그렇다면 근본적으로 주가 변동과 고평가 논란을 이겨내는 가장 좋은 투자 방법은 무엇일까? 이익×배수로 결정되는 주가에서 변동 가능성이 큰 배수가 주가 결정에 미치는 영향을 줄이면 된다. 즉 회사의 본질가치인 이익이 주가에 결정적 영향을 높일 수 있도록 주식 투자 방법을 설계하면 된다. 주가에서 배수 비중을 줄이고 이익 영향력을 높이기 위한 주식 투자 방법은 좋은 회사 주식을 꾸준하게 매입하는 것이다. 특히 주가가 하락할 때마다 매수 비중을 늘리는 전략을 사용하면 주가에 흔들리지 않고 회사 본질에 장기 투자할 수 있다.

주식 투자 원칙 4
위기가 곧 기회다

미국 상장기업 가운데 당장 쓸 수 있는 현금을 가장 많이 보유한 회사는 워런 버핏이 경영하는 버크셔해서웨이다. 버크셔해서웨이는 원화로 약 300조 이상을 보유하고 있다. 삼성전자 시가총액에 육박하는 현금 규모다. 투자의 현인 버핏은 저금리 시대에 왜 이렇게 많은 현금을 가지고 있을까?

미국 상장기업 가운데 순현금이 많은 회사를 찾아보면 흥미롭다. 금융회사를 제외하고 가용 현금이 가장 많은 기업이 구글 105억 달러, 애플 71억 달러, 마이크로소프트 54억 달러, 알리바바 54억 달러, 페이스북 47억 달러 순이다. 모두 빅테크 기업이다. 삼성전자도 현금을 80억 달러(9조 2,840억 원) 이상 보유하고 있다. 네이버와 카카오도 순 현금이 2조 원이 넘는다.

금리가 내려가서 돈의 가치가 떨어지고 있으니 현금을 보유하는 것 자체가 손해가 될 수 있다. 그런데 왜 투자회사와 빅테크 기업은 현금을 쌓아두고 있을까? 현금은 사실 단순한 자산을 넘어 기회를 의미한다. 현금은 기회를 줄 수 있다. 사람들은 코로나19가 시작되면서 위기를 이야기하고 있다. 위기는 위험과 기회를 합친 말이다. 뻔한 말 같지만 위기에는 위험과 기회가 공존한다는 의미를 새길수록 좋다. 투자 방법이나 투자할 회사를 찾을 때도 위험과 기회라는 말은 중요하다. 단 위험을 기회로 바꾸려면 조건이 필요하다.

미국의 대표적 경영컨설팅 회사인 베인앤드컴퍼니(Bain & Company)의 조사에 따르면 글로벌 금융위기 이후 승자군에 속한 기업 연평균 영업이익 증가율은 14%였다. 반면 패자군에 속한 기업 평균 영업이익 증가율은 0%였다. 경기 침체는 승자와 패자의 격차를 더욱 강화한다. 승자 기업은 공통적으로 핵심역량을 제외한 비용구조를 개선하고 위기에 대처하기 위해 재무 유동성을 확보하고 적극적인 성장 전략, 신사업 투자 및 인수합병을 실행했다. 재무구조가 우수한 기업이 위기 이후에 기회를 잡고 더 빨리 성장했다는 이야기다.

역사적으로 주식 투자는 17세기 네덜란드에서 처음 시작되었다. 투자와 함께 위기도 시작되었다. 첫 위기라고 자주 이야기되는 사건은 네덜란드의 튤립 파동이다. 1636~1637년 사이에 튤립 가격이 급등했다가 갑자기 하락한 사건이 있었다. 튤립 파동 당시 가격은 3~4년 동안 60배 이상 상승했다. 투자자들은 튤립을 사려고 전 재산을 팔았다. 1637년에는 튤립 구근 하나의 가격이 수공업 기술자가 받는 연봉의 열 배가 넘었다고 한다. 치솟던 가격은 불과 며칠 사이에 100분의 1로 폭락했고, 결국 네덜란드 정부가 원래 가격의 10%에 튤립 구근을 구매하면서 사태가 진정되었다.

영국 남해회사 버블도 과거에 있었던 대표적인 투자 위기 사례다. 남해 버블은 1716~1720년 사이에 벌어졌다. 영국 정부는 남해회사에게 남해(South Sea)라 불리는 남아메리카의 무역을 독점할 수 있는 특혜를 주었다. 이 회사 임원들은 기업가치가 엄청나게 오를 것이라는 소문을 퍼트렸다. 주가는 폭등했다. 그러나 회사는 성장하지 않았고 주가는 크게 하락했다. 결국 영국 정부와 동인도회사가 남해회사를 인수하면서 버블 사태가 해결되었다.

투자와 함께한 위기는 오래전 추억이 절대 아니다. 위기는 최근에도 지속적으로 반복되고 있다. 2000년 초 발생한 닷컴 버블(Dot-com Bubble)이 대표적이다. 닷컴 버블은 인터넷 회사들이 생겨나던 1990년 중반에 시작되었다. 인터넷이 처음 대중에게 소개된 1994년부터 인터넷 관련 회사들이 상장되었다. 주식시장에서는 인터넷 회사들을 닷컴 회사라고 따로 구분해서 불렀다. 닷컴 회사들이 상장한 나스닥은 지수가 600에서 5,000까지 상승했다. 그러나 버블이라는 인식이 퍼지면서 나스닥은 5,000에서 다시 2,000까지 떨어졌다. 닷컴 버블이 터지자 미국 연방준비제도는 금리 인하 정책을 쓰기 시작한다. 이후에도 미국 서브프라임 위기를 경험했다.

투자에서 위기는 불가피한 현상이다. 투자가 시작될 때부터 현재까지 경험한 예를 통해서 알 수 있다. 주목해야 하는 건 위기가 가지고 있는 패턴이다. 특정한 시점에 특정한 분야를 중심으로 가격이 급등한다. 급등한 가격은 급격한 가격 하락의 이유가 된다. 이후에 정부나 중앙은행이 개입하면서 위기를 넘기고 시장은 다시 정상화된다. 위기의 시점을 예측할 수는 없다. 현재 상승하고 있는 주가가 얼마나 올라야 버블인지는 판단하기 어렵다. 그러나 위기는 반드시 오고 또한 위기는 반드시 극복된다는 사실을 주목하자.

준비된 투자자만이 위험을 기회로 만들 수 있다. 준비는 무작정 때를 기다리는 것이 아니라 언제나 위기가 올 수 있다는 유연한 생각과 재정 여유를 갖는 것이다. 그리고 막상 위기가 닥쳤을 때 변화를 생각하고 과감히 행동해야 한다. 오랜 위기의 역사에서 패자로 기억되는 사람이 있다. 그러나 그들 반대편에는 승자가 존재한다. 위기는 패자를 만들지만 승자도 반드시 만들어낸다는 사실을 기억할 필요가 있다.

주식 투자 원칙 5
성장하는 기업에 투자하라

성장은 주식시장에서 가장 큰 미덕이다. 매출과 이익이 증가하면 주가 상승은 시간 문제다. 기업의 성장은 두 가지 방법에서 나온다. 첫 번째는 새로운 성장이다. 새로운 성장은 새로운 시장을 만들고 새로운 제품을 만들어야 창출된다. 새로운 성장은 의미가 크지만 산업사회가 고도화될수록 찾기 힘들다. 기술이 발전할수록 세상에 없던 제품과 시장을 만들 수 있는 분야가 많지 않기 때문이다. 두 번째 성장은 융합이다. 과거 산업의 융합을 통해 이루어지는 성장을 말한다. 쉽게 말하자면 전통적인 산업에서 뺏어와 이뤄지는 성장이다. 사실 현재 산업이나 주식시장에서 일어나고 있는 대부분의 성장이 약탈적 성격을 띤다.

새로운 제품, 사업으로 성장하는 대표적인 산업은 제약과 바이오 분야다. 새로운 성장을 이끄는 산업과 회사는 성장률이 클 수 있다. 그에 따라 주가도 크게 상승할 수 있다. 반면 새로운 성장산업의 가장 큰 단점은 불확실성이 크다는 점이다. 신약을 개발해서 주가가 10배, 100배 상승할 수 있으나 가능성이 작고 불확실성이 크다. 이러한 문제를 해결하려면 새로운 성장산업에 투자할 때 여러 종목에 분산해서 투자해야 한다. 예를 들어 신약을 개발하는 회사에 투자한다면 한 종목에 투자하기보다 여러 종목에 분산 투자해야 한다. 그렇게 하면 한 회사에서 신약 개발에 성공하고 다른 회사가 신약 개발에 성공하지 못하더라도 수익을 충분히 얻을 수 있다.

현재는 새로운 시장을 창출해서 성장하는 경우보다 융합을 통해 성장하는 기업을 더 흔히 발견할 수 있다. 융합시장의 대표적인 예가 현재 글로벌 주식시장을 이끌고 있는 미국 빅테크 기업이다. 앞에서도 말했듯이 미국 빅테크 기업은 애플, 아마존, 페이스북, 구글, 마이크로소프트를 가리킨다. 이들 기업은 융합성장을 대표하는 회사다. 이들 회사 가운데 시가총액이 가장 높은 회사는 애플이다.

애플은 시가총액이 2조 달러(2,321조 원)를 넘는다. 2019년 애플 실적 성장에 가장 크게 공헌한 제품은 아이팟이다. 아이팟은 무선 이어폰이다. 애플은 기존에 있던 이어폰에 무선 기능을 융합해서 성장하고 있다. 심지어 아이팟은 세계 최초 무선 이어폰도 아니었다. 아마존도 전자상거래를 통해 전통 유통업체가 누려온 시장을 가져왔다. 과거 대형마트가 전통시장의 소비자를 가져오듯이 이제 전자상거래 회사들이 대형마트 시장을 빼앗고 있다. 페이스북은 언론과 광고, 인터넷 커뮤니티의 융합체다. 구글은 검색 엔진과 유통업을 연결하고 스마트폰 운영 체계를 이용해 플랫폼 사업을 확장하고 있다.

골든 크로스

전통산업을 결합하여 만드는 융합성장은 버블 논쟁을 통해서 쉽게 이해할 수 있다. 최근 주식시장의 가장 큰 논란 중 하나가 바로 빅테크 기업의 주가 버블이다. 이들 기업의 현재 실적에 대비해 주가가 너무 비싸다는 논쟁이다. 그러나 버블을 다른 측면에서 생각해볼 필요도 있다. 가령 전자상거래 시장에 버블이 있을 수 있으나 오히려 전통 유통시장에 상당한 버블이 존재했을 가능성도 존재한다.

백화점에 쇼핑 가는 것을 생각해보자. 물건을 사러 백화점에 가려면 휴일 귀중한 시간에 교통 체증을 뚫고 가야 한다. 백화점에 도착하면 주차장에서 한참을 기다려야 하고 막상 들어와서는 아이들 짜증을 이겨내야 한다. 여기저기 매장을 돌아보다가 허기져서 뭐라도 먹으려면 또 줄을 서야 한다. 간신히 물건을 고르고 나오는 길에는 또 막히는 도로를 뚫고 집에 도착해야 한다. 집에 도착해서는 아내와 남편이 언성을 높일 가능성이 크다. "아, 이 귀중한 휴일에 우린 뭘 한 거야?" 반면에 오프라인을 통해 쇼핑하면 귀중한 시간을 가족과 함께 쓸 수 있다.

무엇이 버블일까? 융합성장은 오래된 버블을 없애는 산업이 될 수 있다. 버블 관점에서 융합성장이 기본적으로 약탈적인 성격을 띨 수밖에 없는 이유이기도 하다. 대부분의 학교 수업을 오프라인으로 한다면 학교 앞 문구점은 문을 닫을 수밖에 없다. 학교 앞 문구점을 운영하는 사람 입장에서는 융합성장을 비난할 수밖에 없다. 그러나 비난하더라도 성장한다면 투자해야 한다.

투자나 경제 측면에서 융합성장이 의미를 가지려면 과거 시장보다 더 커질 수 있는지가 중요하다. 전통시장에서 융합시장으로 전환하면서 시장이 더 커질 수 있는 분야는 사실 많지 않다. 현재 전 세계 음반시장은 스트리밍 서비스가 지배하고 있다. 전 세계 음반 시장에서 60% 정도가 스트리밍 서비스로 이뤄지고 있다. 그러나 불과 20년 전에는 90% 이상이 CD로 이루어졌다. 스트리밍이라는 융합기술이 전통 CD시장을 빼앗은 결과다. 문제는 스트리밍을 통해 음반시장이 변화하면서 전체 시장이 커졌느냐 하는 점이다. CD가 주도했던 음반시장은 2001년에는 240억 달러였다. 현재 스트리밍이 주도하는 음반시장은 170억 달러로 오히려 시장 규모가 축소되었다. 신기술이나 융합산업이 오히려 시장을 축소한 대표적인 사례다.

융합시장은 쉽게 말해 약탈에 그치지 않고 더 성장하는 시장을 만들 수 있는지가 관건이다. 성장을 넘어 세상을 변화시킬 수 있는지가 중요하다. 테슬라 사례를 통해 자세히 살펴보자. 전기 자동차를 통해 기존의 내연기관 자동차 시장을 넘어 새로운 시장을 창출할 수 있다는 가능성을 테슬라가 보이자 투자자들은 열광하고 있다. 전기 자동차는 자연스럽게 무인 자동차로 확대될 수 있다. 무인 자동차는 도로 인프라, 엔터테인먼트, 부동산 등 많은 부문에서 변화를 일으키고 새로운 산업을 혁신할 수 있다. 그러나 과거 전통산업의 버블을 없애는 데 그치지 않고 합산한 규모보다 더 가치를 창출할 수 있을지가 중요하다. 무인 자동차가 대중화되면 제품의 가격이 저렴해질 수 있다. 운

골든 크로스

송비가 절감되기 때문이다. 반면에 미국에서만 약 350만 명의 트럭 운전사가 일자리를 잃게 될 가능성이 크다. 운송비 절감을 통해서 가격이 낮아지면 소비가 증가하고 새로운 산업이 창출될 수 있다. 반면 트럭운전 직업이 없어지면서 실업이 증가할 것이다. 새로운 산업과 실업의 차이는 어떻게 될까? 이 해답이 결국 미래 테슬라의 주가를 결정할 것이다.

융합성장 기업에 투자할 때는 1등 기업에 투자하는 방법이 가장 현명하다. 전쟁할 때 승리할 가능성이 큰 나라는 당연히 군사가 많고 성이 견고한 나라다. 융합, 약탈 성장에서도 마찬가지다. 규모가 클수록 더 빨리 더 크게 성장할 가능성이 크다. 융합, 약탈 성장에서 1등 기업이 가지고 있는 공통점은 브랜드와 특허권, 시장에서 차지하는 독점적 지위, 경영진의 능력이다. 특히 자본주의가 발전할수록 브랜드 영향력은 더욱 커지고 있다. 무형자산의 힘이다. 애플이 성장하는 이유도 제품의 우수성을 넘어 브랜드가 가장 큰 영향을 미치고 있다.

새로운 제품을 만들고 시장을 형성하며 과거 시장을 융합하여 성장하는 회사들은 초기에 고평가되어 있을 가능성이 크다. 향후 성장을 위한 자산이 무형에 가깝고 새로운 기술이나 특허는 검증되지 않았기 때문이다. 테슬라의 주가수익비율(PER)은 1000배가 넘는다. 주가수익비율이 1,000배가 넘는다는 말은 주식이 1만 원인 회사가 겨우 10원의 이익을 올리고 있다는 의미다. 수익률이 겨우 0.1%에 불과한 주식에 투자자들이 열광하는 이유는 무엇일까?

새로운 투자 세계, 바이오산업

새로운 성장을 이끄는 대표적 분야는 제약산업이다. 제약산업 (pharmaceutical)은 크게 두 분야로 나뉜다. 케미컬(chemical)로 불리는 화학 합성의약품과 살아 있는 세포로 만들어지는 바이오(bio) 의약품이다. 화학 합성의약품의 가장 큰 특징은 복제가 쉽다는 점이다. 그래서 화학 합성의약품은 다시 오리지널과 복제약으로 구별된다. 복제약품을 제네릭(generic)이라고 부른다. 오리지널 약품의 특허가 끝나면 복제약을 만들 수 있는데 이를 제네릭이라고 한다.

반면 바이오 약품은 케미컬에 비해 만드는 과정도 비싸고 약값도 훨씬 비싸다. 케미컬처럼 단순하게 화학 결합으로 만들지 않기 때문이다. 바이오는 생체의약품을 말한다. 바이오는 화학약품이 아니고 생체의약품이기 때문에 독성이 낮고 만성질환이나 난치병에 효과가 있다. 바이오 의약품의 복제약은 바이오시밀러(biosimilar)라고 부른다. 바이오시밀러는 화약의 약품 복제약인 제네릭과 다르게 개발비용도 많이 들고 시간이 오래 걸린다. 제네릭은 생물학적 실험만 거치면 되지만 바이오시밀러는 신약처럼 임상까지 모두 거쳐야 하기 때문이다. 바이오시밀러 산업의 진입 장벽이 높은 이유다. 한국의 셀트리온제약과 삼성바이오는 바이오시밀러 회사다.

테슬라와 같은 성장주에 관심을 가지는 이유는 추세적 성격을 띠기 때문이다. 성장하기 시작한 회사는 계속 성장할 가능성이 크다. 집에서 그동안 없던 바퀴벌레 한 마리가 발견되면 한 마리에 그치지 않고 더 많은 바퀴벌레가 살고 있을 가능성이 크다. 한 분기에 실적이 크게 증가했다면 향후에도 실적 개선이 이어질 가능성이 크다. 성장하기 시작한 회사는 지속적으로 성장할 가능성이 크다는 점에 주목해야 한다. 결국 성장하기 시작한 회사는 고평가되는 것이 당연하다. 성장주에 투자하려면 호기심을 가지고 새롭고 알기 어려운 종목으로 범위를 넓혀야 한다.

주식 투자 원칙 6
주가 흐름을 읽으며 가치주를 판별하라

가치주는 쉬운 말로 싼 주식을 뜻한다. 기업가치와 비교하여 현재 주가가 싸게 거래되는 주식을 가치주라고 할 수 있다. 가치투자란 회사가 1만 원의 가치를 갖고 있는데 주식시장에서 5,000원에 거래되는 주식을 찾는 일이다. 따라서 가치주를 찾으려면 우선 기업의 가치를 정확하게 측정해야 한다.

기업가치는 일반적으로 세 가지 방법으로 계산할 수 있다. 우선 장부가치다. 기업이 가지고 있는 장부가치를 통해서 기업가치를 계산한다. 장부가치를 통해 기업가치를 판단하기는 쉽지만 시장가치와 다를 수 있다는 문제가 있다. 장부가치를 계산할 때 기업의 순자산(자산에서 부채를 제외)을 일반적으로 사용한다. 예를 들어 A 기업의 대차대조표에서 부채를 자산에서 제외하여 계산할 수 있다. 대차대조표의 순자산은 명시적이고 뚜렷한 가치를 제공하지만 과다 계산되어 있을 가능성이 충분하다. 제품을 팔고 나면 매출채권이라는 자산이 생긴다. 그러나 거래 상대방이 돈을 주지 못한다면 매출채권이라는 자산은 가치가 없을 수 있다. 반대로 무형자산은 대차대조표에 과소 계상되어 있을 가능성이 크다. 애플의 2,000억 달러가 넘는 브랜드 가치는 재무제표 어디에도 포함돼 있지 않다. 구글이 앱 판매자들한테 자동으로 수취하는 판매대금의 30%가 넘는 수수료를 받는 플랫폼 비즈니스 가치는 장부 어디에도 포함되어 있지 않을 가능성이 크다.

두 번째는 현금 흐름으로 환산한 가치다. 기업이 향후 벌어들일 수 있는 현금 흐름을 현재 가치로 환산하여 계산할 수 있다. 현금 흐름을 통한 가치 산정은 미래에 투자하는 투자자에게 가장 정확하지만 반대로 불확실성이 가장 크다. 미래를 예측해야 하는데 일반적으로 예측 정확도가 떨어지기 때문이다. 숫자를 예측할 때 애널리스트나 투자자들은 선형적으로 분석한다. 기업이 현재 10%의 성장률을 보이고 있다면 향후에도 10% 근처에서 성장률이 유지될 것이라고 추정한다. 성장하는 기업은 성장률이 지속될 것으로 예상하고, 반대로 이익이 감소하는 기업은 향후에도 영업 현금 감소율이 지속될 것으로 추정한다. 현금 흐름 추정이 진짜 미래와 다를 가능성이 큰 이유다.

마지막으로 청산가치를 통해서 기업가치를 계산할 수 있

다. 기업이 청산한다고 가정했을 때 자산과 부채를 모두 정리하고 받을 수 있는 가치를 계산한다. 기업이 보유하고 있는 현금은 청산하더라도 전부 받을 수 있다. 반면 보유 부동산은 장부가치와 다르게 시장 거래가격에 따라서 가치가 달라질 수 있다. 청산가치를 보수적으로 계산해서 기업가치를 산정한다면 가장 안정적이며 보수적으로 투자할 수 있다. 그러나 주식 투자는 회사에 투자하는 것이다. 따라서 회사 청산을 가정해서 투자하는 것은 올바른 투자 방법이 아니다. 청산가치를 고려한 극단의 보수적 주식 투자보다 차라리 채권 투자가 좋을 수도 있다.

사실 모든 가치는 상대적이다. 가치가 싸다거나 비싸다고 평가하는 기준은 시점에 따라서 달라진다. 또한 투자 목적에 따라서 평가 기준도 달라질 수 있다. 어떤 사람은 부채비율이 낮은 기업을 좋은 기업으로, 현금을 많이 가진 기업을 가치주로 생각할 수 있다. 가치투자 입장에서 시가총액보다 보유 현금이 많은 종목에 주목하라는 말들을 많이 한다. 그러나 장기적으로 보면 보유 현금이 많은 회사가 주식시장에 주도주가 되거나 주가가 크게 상승한 경우는 거의 없었다.

가치주는 기본적으로 정적인 분석에 기초한다. 불확실한 미래보다 현재에 집중해서 기업을 분석하고 투자 판단을 하는 것이다. 충분히 장점이 있는 투자 종목 선정 방법이다. 그러나 정적 분석이기 때문에 역설적으로 동적인 측면에서 약점을 가지고 있다. 따라서 약점을 보완할 수 있는 가치투자 방법을 고민해야 한다.

가치투자에서 가장 중요한 투자 원칙은 가격이 쌀 때만 주식을 매수해야 한다는 것이다. 주가는 가치와 상관없이 매일 변동한다. 따라서 가치주를 투자하기 좋을 시기는 나쁜 뉴스나 일회성 악재로 주가가 하락할 경우다. 시가총액이 기업가치보다 낮다고 판단하여 아무 때나 사지 말고 주가 흐름을 잘 읽어야 한다.

이보다 의미 있는 투자는 성장하는 가치주에 투자하는 것이다. 저평가된 종목 가운데 매출이나 이익이 성장하는 주식은 의미 있는 성과를 낼 수 있다. 저평가 주식 가운데 성장을 중심으로 분석해야 하는 이유다. 보통 전통산업에서 가치주가 많다. 특히 전통산업 가운데 시장점유율 2등인 회사에 주목해야 한다. 시장점유율이 변화하면서 성장하는 회사가 나올 수 있기 때문이다. 2012년 이후 시장점유율 2위였던 하이트진로는 테라를 앞세워 시장점유율이 상승하기 시작했다. 국내 맥주시장은 크게 성장하지 못했지만 하이트진로는 시장점유율을 끌어올리며 실적 개선에 나서기 시작했다. 성장을 보여주면서 주가도 크게 상승했다. 이렇듯 주식 투자에서는 성장하는 회사에 중점을 두어야 한다. 또한 무작정 장기투자를 하기보다 가치 있는 회사 주식을 하락한 시점에 지속적으로 투자하는 방법을 고려해야 한다.

주식 투자 원칙 7
소비재 기업의 배당주에 투자하라

배당주식은 가장 보수적인 투자 방법이다. 안정적인 배당을 통해서 수익을 얻는다. 기업의 이익은 유보하거나 투자하거나 배당할 수 있다. 기업이 번 돈은 불확실성에 대비해 남겨두며 유보하거나, 생산설비를 유지하고 보수하는 데 쓰거나 또는 신규 투자에 사용할 수 있다. 그리고 나머지는 주주들에게 배당한다. 기업 이익은 이렇게 다양한 용도로 쓰이기 때문에 과도한 배당이 꼭 좋은 것인지 의문의 여지가 있다. 무작정 배당을 늘리면 신규 투자 감소로 회사의 장기 성장성이 훼손될 수 있기 때문이다. 따라서 배당주 투자를 할 때 단순하게 배당수익률이 높은 회사를 찾아서는 안 된다.

배당주 투자도 가치주 투자와 같이 단순히 배당이 높은 회사가 아니라 배당이 증가하는 회사를 찾아야 한다. 따라서 과거 배당금이 안정적으로 증가하면서 꾸준하게 배당했는지가 중요한 판단 기준이다. 안정적으로 꾸준히 배당할 수 있으려면 소비재 기업의 가능성이 가장 크다.

소비재 산업, 즉 인간이 먹고 마시고 일상적으로 쓰는 제품은 역사가 오래되었기 때문에 산업에 큰 변동이 없다. 따라서 안정적인 배당이 가능한 경우가 많다. 중요한 건 인플레이션 효과다. 경제성장이 정상적으로 이루어진다면 소비되는 상품은 장기적으로 가격이 오를 가능성이 매우 크다. 소비재와 원재료

가격이 원천적으로 다른 이유다.

유가와 콜라값을 비교해보면 이해하기가 쉽다. 최근 유가가 배럴당 20달러가 되기도 하고 40달러가 되기도 했다. 1980년대 국제유가는 40달러였다. 40년이 지나도록 유가는 그대로일 수 있다. 물론 2010년에는 배럴당 100달러가 넘기도 했다. 주목하는 건 원재료 가격의 변동성이 크다는 점이다. 반면 1980년대 코카콜라 가격은 얼마였을까? 코카콜라 캔 가격이 300원 정도였다. 지금은 700원 정도로 두 배 상승했다. 소비재의 경우 장기적으로 보면 명목가격(인플레이션 효과가 제거되지 않은 절대적 가격, 명목가격에 물가를 반영한 것이 실질가격) 상승이 지속된다는 점에 주목해야 한다.

기업의 이익이 명목가격으로 산정되는 한 소비재는 인플레이션 효과에 따라서 이익 증가가 지속될 가능성이 크다. 그것에 따라 배당 증가도 지속된다. 미국 상장 기업에서 25년 이상 매년 배당금을 인상한 기업 가운데 소비재 기업이 많은 이유이기도 하다. 대표적인 회사가 코카콜라다. 코카콜라는 1920년부터 3개월 주기로 배당하면서 1963년부터 지금까지 57년 동안 매년 배당금을 인상하고 있다.

보수적인 투자라는 측면에서 배당주는 가치주와 유사할 수 있다. 그러나 투자 시 큰 차이점이 있다. 바로 장기투자 가능성이다. 배당주는 배당이라는 지속적인 보상이 가능하기 때문에 장기투자가 용이하다. 매 분기나 매년마다 수익이 배당된다면 단기 주가가 변동되어도 상대적으로 심리가 적게 흔들릴 것이다. 이것이 배당주의 가장 큰 장점이다. 단순히 가치가 싸다는 판단하에 매수한 종목은 사실 심리에 흔들릴 가능성이 작다. 보상이 없기 때문이다. 그러나 배당주는 충분히 장기투자가 가능하다.

요약하면 역사가 오래된 소비재 가운데 안정적으로 배당이 이루어진 주식을 장기투자하는 방법이 배당주 투자에서 가장 현명한 방법이다.

주식 투자 원칙 8
시가총액 변화로 시대를 움직이는 산업을 읽어라

20년 전 한국 코스피지수 시가총액 상위 10위 안에 드는 기업은 다음 쪽 표의 좌측 칸에 정리했다. 당시 주식시장을 이끌었던 종목이라고 할 수 있다. 20년이 지난 지금은 얼마나 많은 변화가 있을까? 지금까지 코스피 10위권에 남아 있는 회사는 삼성전자, SK하이닉스 두 곳뿐이다. 통신, 유틸리티, 철강, 은행주는 모두 10위권 밖으로 밀려 나갔다. 2020년 8월 말 기준, 코스피 시가총액 순위는 다음 쪽 표의 우측 칸과 같다. 오랫동안 1위를 고수하고 있는 삼성전자, 새롭게 10위권에 진입한 카카오가 20년 후에는 어떻게 될까? 계속 우량 주식으로 남아 있을지 아무도 장담할 수 없다.

한국뿐만이 아니다. 현재 미국 기술주 중심의 나스닥은 전 세계 투자자들의 관심을 끌고 있다. 나스닥 시장에서 1등 회사

한국 코스피지수 시가총액 상위 10개 기업

순위	2000년	2020년
1	KT(통신)	삼성전자(반도체)
2	삼성전자(반도체)	SK하이닉스(반도체)
3	SKT(통신)	네이버(인터넷)
4	한국전력(유틸리티)	LG화학(2차 전지)
5	LG데이콤(통신)	삼성바이오로직스(바이오)
6	포스코(철강)	셀트리온(바이오)
7	SK하이닉스(반도체)	카카오(인터넷)
8	LG정보통신(통신)	현대자동차(자동차)
9	삼성전기(전기전자)	삼성SDI(2차 전지)
10	국민은행(은행)	LG생활건강(생활용품, 화장품)

는 애플이다. 다음은 다음은 마이크로소프트, 아마존, 알파벳A, 페이스북, 인텔 순이다. 2000년에는 어땠을까? 2000년 나스닥 시가총액 순위는 아래와 같다. 지금도 나스닥 10위권에 있는 회사는 마이크로소프트가 유일하다.

장기적으로 시가총액 순위가 지속 변화하는 이유는 성장이 달라지기 때문이다. 나무가 아무리 자라도 하늘까지 성장할 수는 없다. 나무가 계속 자랄 수 없는 이유는 중력 때문이다. 키가 클수록 중력이 가하는 압력을 나무가 견뎌낼 수 있는지가 중요하다. 기업의 성장도 나무와 유사하다. 계속 성장할 수 있는 회사는 단연코 없다. 성장률이 높았던 회사도 규모가 커질수록 성장률이 낮아지고 새로운 융합기업에 밀려날 수 있다.

골든 크로스

미국 나스닥 시가총액 상위 10개 기업

순위	2000년	2020년
1	마이크로소프트	애플
2	시스코	마이크로소프트
3	인텔	아마존
4	델	알파벳A
5	오라클	페이스북
6	퀄컴	인텔
7	다이렉TV	엔비디아
8	텍사스 인스트루먼트	어도비
9	암젠	페이팔
10	펩시	테슬라

시가총액을 보면 업종이 유사한 특성을 보인다. 따라서 시대를 움직이는 산업에 관심을 가질 필요가 있다. 2020년 한국 주식시장을 움직이는 산업은 네이버와 카카오로 대표되는 인터넷 플랫폼 기업이다. 그다음이 LG화학, SDI로 대표되는 전기자동차, 2차 전기 기업이다. 미국도 마찬가지다. 애플, 아마존, 구글, 페이스북 모두 플랫폼 사업에 기반한 기업이다. 시대를 움직이는 산업에 투자할 때는 투자 시점의 중요도가 낮다는 점을 기억하라. 성장하는 주식은 사실 언제 사는지가 크게 문제되지 않는다. 지속 성장할 수 있다면 주도 업종에 관심을 가져야 한다.

주식 투자는 결국 회사에 투자하는 일이다. 시장보다 회사에 더 중심을 두어야 한다. 따라서 주식 투자는 언제(when)보다 무엇(what)에 더욱 주목해야 한다. 사람들은 주식 가격이 하락할 때 사야 한다고 말한다(when). 그러나 주식시장은 우리 예상보다 빨리 움직이고 사이클이 짧다. 시장을 쫓아가지 못하는 이유다. 솔직히 주식시장이 어떻게 될지 예측하는 일은 쓸데없다. 주식시장의 방향을 예측하는 일은 신의 영역이다. 투자자는 기업이 어떻게 될 것인지에 가장 관심을 두어야 한다(what).

회사를 분석하는 일은 기업이 향후 몇 년간 어떻게 될지 예상하고 끊임없이 질문하는 과정이다. 강세장은 언제든 지속될 수 있고, 약세장도 끝없이 이어질 수 있다. 시장을 판단하는 일이 무의미하다. 대신 시장 변화에 따라서 매수와 매도 강도를 변화시킬 수 있다. 주식 투자에서 시장 변화는 비중의 문제가 될 수 있다. 시장은 대응하면 된다. 주식 투자에서는 무엇을 사느냐가 가장 중요하다. 회사를 선택하는 일이다. 투자 시점, 언제(when)는 대응의 문제다.

골든 크로스

7장

자산의 본질,
시장의 속성

30대가 부동산을 사고 있다. 개인들이 주식 투자에 열중하고 있다. 살 사람은 많아지고 보유하고 있는 자산에 대한 믿음은 더욱 커진다. 수요는 증가하는데 공급은 감소하면서 자산 가격이 상승하고 있다. 사람들은 본능적으로 알고 있다. 변화가 있으리라는 것을. 그러나 직면하는 현실은 변화할 조짐이 보이지 않는다. 변화보다 지금이 중요하다. 이번에는 새로운 세상이 열릴 수도 있지 않을까? 나는 다르지 않을까?

희망은 좋다. 사람은 희망을 품고 행동하며 계획한다. 그러나 간절히 바라도 동전 앞면이 나올 확률은 변하지 않는다. 투자에서 희망을 경계하는 이유다. 투자도 마찬가지다. 돈을 잃으려고 투자하는 사람은 없다. "나는 할 수 있어." "나는 돈을 벌 수 있을 거야." "하늘은 투자하는 사람을 도울 거야." 확신하고 투자한다. 그러나 투자 또한 희망과 다르지 않다. 오죽하면 워런 버핏이 투자에서 가장 중요한 것은 단지 잃지 않으려고 노력하는 일뿐이라고 말했겠는가?

투자의 현실은 희망과 다르게 변하기 때문에 우리는 투자 대상인 부동산과 주식의 본질을 고민해야 한다. 왜 투자하고 어떻게 투자하며 무엇이 다른지, 고민하고 공부할 필요가 있다. 자세히 봐야 예쁘다. 오래 봐야 사랑스럽다. 너도 그렇다. 나태주 시인의 〈풀꽃〉이라는 시다. 투자하는 대상을 자세히 봐야 한다. 투자도 그렇다.

강남 아파트와 삼성전자, 무엇을 선택할 것인가

주식과 부동산을 동시에 분석하는 애널리스트는 "요즘 부동산이 좋으냐 아니면 주식이 좋으냐?"라는 질문을 가장 많이 받는다. 답을 떠나서, 이런 의문은 두 가지 의미 있는 변화를 뜻한다. 우선 주식에 대한 사람들의 관심이 커지고 있으며, 부동산시장도 단순히 내 집 마련이 아니라 투자 관점으로 보기 시작했다는 것이다.

투자하고 싶다. 투자해야 산다. 단순히 돈을 벌기 위해서가 아니라 투자가 생존의 문제가 될 수 있다는 절박감, 초조함이 커지고 있다. 변화의 근본 원인은 저금리와 불확실한 미래에 대한 두려움 때문이다. 경험해보지 못한 역대 최저금리는 사람들을 초조하게 만들고 있다. 돈의 가격은 싸질 것이다. 그렇다면 은행 잔고는 쓰지 않아도 계속 줄어들 수 있다. 코로나19, 미국과 중국의 무역분쟁, 급변하는 남북 관계는 예상치 못하게 세상이 바뀔 수도 있다는 불확실성을 증폭시키고 있다. 내일에 대한 걱정이 커지면서 사람들은 지금 무엇인가 해야 하는 것 아니냐는 강박감을 키운다. 그래서 사람들은 묻고 있다. 주식이냐, 부동산이냐? 아니 강남 아파트냐, 삼성전자냐? 빨리 말해달라고.

1979년, 폴 볼커(Paul Adolph Volcker) 미국 연방준비제도이사회 의장이 예상치 못한 기자회견을 열었다. 1~2차 오일쇼크로 급등하는 물가를 낮추기 위해 기준금리를 전보다 4%포인트나 높은 15.5%로 인상했다. 지금으로서는 상상할 수 없는 금리 수준이다. 당시 언론은 기준금리 인상을 "토요일 밤의 학살(Saturday Night Massacre)"이라고 불렀다. 이후 볼커는 금리를 역대 최고 수준인 20%까지 인상한다.

당시 미국을 중심으로 글로벌경제는 금리를 인상하기에 좋은 상황이 아니었다. 미국은 단순한 인플레이션 상황이 아니라 스태그플레이션(stagflation)에 빠진 상황이었기 때문에 금리에 대한 결정이 쉽지 않았다. 스태그플레이션이란 국민소득이 줄어들고 실업이 늘어나는 동시에 물가가 올라가는 현상을 말한다. 1970년대에 유가가 상승하면서 물가는 오르고 경기가 위축되면서 소득이 감소한 사례가 있었다.

소득이 감소한 경우에는 금리를 낮춰야 한다. 금리 인하로 수요를 회복시켜야 하기 때문이다. 반면 물가가 상승하면 금리를 올려야 한다. 금리 인상으로 물가를 진정시켜야 하기 때문이다. 그러나 스태그플레이션 상황은 둘 다 해당하기 때문에 금리 인하 또는 인상을 결정하기가 어렵다. 당시 연준의장은 기준금리 인상을 선택했다. 다행히 기준금리를 인상함으로써 물가가 안정되고 경제가 다시 성장하기 시작했다. 경제가 성장하면서 물가가 다시 상승하기 시작했다. 그에 맞춰 기준금리 인하도 진행되었다.

1987년 미국 연준의 새로운 의장에 취임한 앨런 그린스펀(Alan Greenspan)은 취임 한 달 만에 금리 인상을 단행했다. 그러나 주식시장과 경제가 민감하게 반응하자 연준은 기준금리 인하로 방향을 전환했다. 돈의 시대가 시작되는 전주곡이었다. 그린스펀은 14년에 걸친 재임 기간 동안 금리 조정을 73번 했다. 미국 금리는 1980년을 기점으로 지속 하향 추세였다. 금리가 인하됨과 동시에 미국을 중심으로 세계 경제의 성장률이 둔화하고 경기 변동성이 커지기 시작했다. 특히 글로벌 금융위기 이후 저금리가 가속화되면서 일종의 기저효과 없이는 크게 성장하지 않는 경제가 지속되고 있다. 통화정책과 금리가 세계 경제를 움직이는 가장 중요한 원인이 되었다.

자본주의가 성숙하면서 성장률이 둔화하고 금리가 낮아질 수밖에 없는 근본 원인은 무엇일까? 저성장의 핵심 원인에는 결국 인구 감소와 고령화가 있다. 자본주의는 누군가 계속 돈을 빌려야 성장할 수 있다. 돈을 계속 빌리고 돈의 양이 많아지면 물가가 상승하고 자본주의는 성장하게 된다. 결국 지속 성장을 위해서는 돈을 빌리는 누군가가 계속 증가해야 한다. 인구가 계속 증가한다는 말은 돈을 빌릴 수 있는 누군가가 계속 많아진다는 의미다. 따라서 인구 증가는 경제 성장을 의미한다.

그런데 인구가 증가하지 않고 돈을 빌릴 수 있는 사람이 계속 감소한다면 어떻게 될까? 돈의 양이 증가하는 비율(증가율)이 떨어지면서 자연스럽게 경제성장률이 둔화할 수밖에 없다. 또한 고령화 현상이 두드러지면서 차입비율이 감소하게 된다. 그렇다면 인구가 감소하는 상황인데도 경제를 성장시키려면 어떻게 해야 할까? 한 사람이 쓰는 돈의 양을 더 증가시키면 된다. 인구 감소와 고령화 시대에 저금리가 불가피한 이유다. 저금리 상황은 코로나19를 감안하지 않더라도 구조적인 측면이 있다. 즉 저금리는 불가피하게 우리가 살아야 할 자본주의 모습이다.

〈응답하라 1988〉이라는 드라마를 보면 흥미로운 장면이 나온다. 택이라는 학생이 바둑대회에서 우승 상금으로 당시에는 큰돈인 5,000만 원을 받는다. 동네 주민들이 모여 앉아서 5,000만 원을 어떻게 할지 이야기를 나누기 시작한다. 사람들이 이야기하는 투자 방법은 크게 세 가지로 나뉜다. 일산 땅과 예금 그리고 강남 아파트다. 지금이라면 무엇을 선택하겠는가? 뭘 해야 할지 고민이겠지만, 하지 말하야 할 한 가지는 분명하다. 바로 예금이다. 그런데 1988년이라는 점을 생각하면 이야기가 달라진다. 1988년에는 예금금리가 10%가 넘었다. 불확실성이 없는 예금금리가 10%가 넘는다고 하면 선택이 달라질 수 있다.

최근 미국을 중심으로 저금리가 확산하고 있는데도 예금이 빠르게 증가하고 있다. 미국 시중은행 예금보유액은 2020년 1월부터 6월 초까지 2조 달러 늘었다. 일본도 2020년 6월 기준 예금 잔액이 전년보다 8% 증가해 8,927조 원에 달하고 있다. 한국 또한 2020년 상반기 은행 수신이 약 109조 원 증가해 상반기 기준 역대 최대 규모다. 사람들은 제로금리에 가까운데 어떤 바보가 은행에 예금하느냐며 웃겠지만 저금리 상황에서 빠른 예금 증가는 고민해볼 필요가 있다. 이유는 바로 불확실성에 있다. 가계와 기업은 불확실성이 커지자 소비와 투자를 늘리는 대신 통장 잔고를 늘리고 있다. 예금이 가장 불확실성이 적기 때문이다. 불확실성을 고민하는 이유는 금리 인하가 지속되면서 경제위기가 계속 발생했기 때문이다. 세계 경제위기 역사를 보면 금리가 인하되는 시기에 금융위기 반복 속도가 빨라졌다. 1980년 후반 일본 부동산시장 버블, 1990년대 동아시아 금융위기, 2000년 닷컴 버블, 2008년 서브프라임 사태 등이 발생했다. 본원적인 성장이 아니라 돈의 힘으로 움직이는 경제와 금융시장은 변동성이 커지고 불확실성이 커지고 있다.

그렇다면 저금리 시대와 불확실성이 확대되는 세상에서 우리는 무엇을 해야 할까? 선택에 따라서 결과는 매우 달라질 수 있다. 사냥하던 인류가 농사를 짓기 시작하면서 불확실한 미래를 대비하기 위해 창고를 만들었다. 잉여 생산물을 보관하는 창고는 새로운 시대와 불확실성에 대비하는 중요한 역할을 했다. 그러나 창고는 분명 한계를 안고 있었다. 다른 부족이 쳐들어와 창고에 제일 먼저 불을 지르면 여지없이 손을 들어야 했다. 창고는 곡식을 더 증가시키지도 못했다. 단지 보관하는 역할만 했다. 보관하는 내용물도 제한적이었다.

인류는 돼지를 기르기 시작했다. 남은 곡식이 생기면 창고에도 넣었지만 오래 보관할 수 없는 음식은 돼지에게 던져주었다. 돼지는 무엇이든 잘 먹고 잘 컸다. 소처럼 일하지 않는 돼지는 불확실성에 대비하기 위한 식용으로 길러졌다. 식량을 저장하는 관점에서 창고와 유사했지만 가장 큰 차이점이 있었다. 돼지는 창고와 달리 투입(input) 대비 수확량(output)이 많았다. 던져주는 음식보다 몸무게가 더 커졌고 새끼를 낳기도 했다. 일년에 두 번 열 마리씩 낳고, 출생한 지 일주일이 지나면 몸무게가 두 배로 늘어나는 돼지는 창고와 비교할 때 생산성 차원에서 완전 다른 식량 보관 방법이었다. 오직 식용을 목적으로 한 돼지는 불확실성에 대비한 훌륭한 투자였다.

구조적인 저성장과 저금리 그리고 커지고 있는 불확실성에 대비해 현대인은 투자를 해야 한다. 투자는 곡식을 보관하는 두 가지 방법처럼 창고와 돼지가 있다. 창고와 돼지 가운데 무엇을 선택할 것인가? 우리가 지금 삼성전자와 강남 아파트를 고민하는 이유이기도 하다.

주식과 부동산,
투자의 본질은 변하지 않는다

최근 미래에셋은퇴연구소는 밀레니얼 세대의 투자를 주제로 전국 만 25세부터 39세까지 700명을 대상으로 실시한 설문 조사 결과를 발표했다. 조사 결과를 보면 2030대 재무 목표 1위는 주택 구입을 위한 재원 마련(31%)이었다. 고연령 세대뿐만 아니라 젊은 계층도 집에 대한 관심이 커지고 있고, 집을 중요한 투자 수단이나 목적으로 바라보고 있다.

실거주든 투자든 부동산에 대한 관심이 커진 이유는 수익률 때문이다. 2017년 이후 서울 아파트 가격은 평균 50% 이상 가격이 올라 주식, 금, 채권 등 비교 가능한 투자 대비 가장 높은 가격상승률을 보였다. "주식으로 돈 번 사람은 별로 없지만, 부동산으로 돈 번 사람은 많다"라는 말은 이제 당연하게 받아들여지고 있다. 주식을 업으로 하는 사람들조차 주식으로 돈 벌면 또 주식 투자하지 말고 바로 부동산을 사야 한다고 조언한다.

투자로서 부동산이 주식보다 훨씬 좋다는 전제가 당위성을 가지려면 조건이 필요하다. 집을 여러 채 가지고 있어야 한다. 강남 아파트 한 채를 소유하면서 거주하고 있다면 부동산 가격 상승이 투자수익률 관점에서 좋다고 말할 수 없다. 매도가 불가능할 뿐만 아니라 다른 아파트 가격도 같이 상승하기 때문에 매도한 뒤 실익(투자수익)이 크지 않다. 투자 관점에서 부동산 가격이 상승하는 기간에 다주택자만이 투자 이익이 극대화된다. 물론 1주택자도 가계 자산이 부동산 가격 상승만큼 증가한 것은 분명한 사실이다. 그러나 가격 변화 가능성과 불확실성을 감안하면 단지 가격 상승만으로 1주택자가 투자를 잘했다고 볼 수 없다. 이와 같이 투자로 본다면 가격상승률 등 단순히 겉으로 보이는 숫자로 부동산과 주식을 비교해서는 안 된다. 그렇다면 투자로 접근한다면 주식과 부동산은 무엇이 다르고 같을까?

우선 사용 여부다. 부동산은 직접 사용할 수 있다. 즉 사용가치가 있다. 투자 목적으로 집을 산 경우에도 만약 집값이 떨어져서 팔 수 없다면 본인이 직접 거주하면 된다. 주식은 집처럼 사용할 수가 없다. 삼성전자 주식을 사용할 수 있는 방법은 없다. 유동성에도 큰 차이가 있다. 부동산은 빠른 매수나 매도가 불가능하다. 단위 금액이 클 뿐만 아니라 거래비용이 크기 때문이다. 주식은 언제나 사고팔 수 있다. 초 단위로 매매가 가능하다. 단위 금액이 크지 않고 거래비용이 적기 때문에 매매가 자유롭다. 다양성에도 차이가 있다. 주식은 많은 부문에 투자할 수 있다. 반도체, 전기자동차, 데이터, 철강, 건설 등 원하는 모든 분야에 투자할 수 있다. 그러나 부동산은 한정되어 있다. 아파트, 단독주택, 상가, 토지 등 부동산은 투자하는 상품이 제한적이다.

투자로 볼 때 주식과 부동산의 가장 큰 차이점은 유동성과 사용가치로 구분할 수 있다. 주식은 언제든지 사고팔고 단위 금액이 적기 때문에 유동성이 좋다. 유동성은 불확실성에 대비할 수 있는 강력한 특성이다. 부동산은 유동성은 낮지만 사용가치를 가지고 있다. 언제나 사고팔 수는 없지만 사용할 수 있다. 사용가치로 인해 부동산은 장기투자가 가능하고 사용가치 이하로 가격이 하락하지 않는 특성을 보인다.

주식과 부동산의 특성은 장점이 될 수 있고 단점도 될 수 있다. 문제는 투자의 장단점이 시기와 심리에 따라 부각되기도 하고 무시되기도 한다는 점이다. 지금과 같이 가격이 지속적으로 오르는 상황에서 부동산 사용가치에 대한 장점은 더욱 부각된다. 그래서 전문가들은 어차피 집이란 거주해야 하는 곳이라며 지금이라도 당장 사야 한다고 부추긴다. 사용가치가 중요하기 때문에 지역이 중요하고 영혼까지 끌어와 대출을 받아서라도 집을 사야 한다고 말한다.

주식시장이 호황이면 사람들은 사용가치가 없는 주식에 투자해야 한다고 이야기한다. 언제든지 사고팔 수 있기 때문에 가격변동성이 크더라도 리스크가 적다고 말한다. 주가가 떨어질 때는 사용가치(기업가치)를 생각할 때 더 하락할 가능성이 크다고 이야기한다. 부동산도 마찬가지다. 부동산 가격이 떨어질 때는 아파트가 유동성이 적기 때문에 가장 위험한 자산이라고 말한다.

시장이 어떻게 변하든 주식과 부동산 투자의 본질은 변하지 않는다. 가격이 오르든 내리든 부동산은 여전히 유동성이 떨어지는 투자자산이고, 주식시장이 호황이든 불황이든 주식은 유동성이 있되 사용가치가 없는 투자자산이다. 그런데 시장 변화에 따라 장점은 더욱 부각되고 단점은 무시된다. 시장 변화는 결국 가격이다. 가격이 바뀌면서 일어나는 이러한 장점과 단점의 강화 현상은 시장 사이클의 진폭을 키우는 역할을 한다.

따라서 현명한 투자를 위해서는 주식과 부동산 투자의 장단점을 변하지 않는 관점으로 유지해야 한다. 투자 목적은 오직 돈을 버는 데 있기 때문이다. 사용하려고 투자하는 사람은 없다. 사고파는 재미 때문에 투자를 일로 삼는 사람도 없다.

시장과 가격은 항상 자산의 본질을 왜곡한다. 시장과 가격 변화에 따라 장점이 더욱 부각되고 단점은 무시된다. 현명한 투자를 위해서는 시장과 다르게 본질에 항상 집중해야 한다. 사람들은 변화를 이야기하지만 투자 대상의 변하지 않는 본질에 집중할 필요가 있다. 주식과 부동산 투자, 본질을 이야기하는 이유다.

주식과 부동산,
투자의 방법이 다르다

자기계발서를 읽다 보면 형광펜으로 밑줄 긋고 싶은 구절이 나온다. 그중 하나가 "장점에 집중하라"라는 말이다. 사람들은 자기계발이라고 하면 단점을 고치거나 극복해야 한다고 생각한다. 그러나 자기계발은 단점에 집중하기보다 장점에 집중하는 편이 더 효과적이다.

주식 투자의 가장 큰 장점은 유동성이다. 언제든지 사고팔수 있기 때문이다. 유동성이라는 장점을 가장 극대화할 수 있는 투자 방법은 집중과 지속이다. 1963년 워런 버핏은 아메리칸 익스프레스 단 1종목에 투자조합 자산의 40%를 투자했다. 당시 버핏이 운용했던 자산 규모가 1,750만 달러였고 그중 약 700만 달러를 아멕스 주식을 사는 데 사용했다. 아메리칸 익스프레스는 버핏에게 이후 13년간 연간 30%가 넘는 수익률을 기록해준 효자 종목이 되었다. 월스트리트 최고의 애널리스트이자 펀드매니저로 알려진 피터 린치(Peter Lynch)는 일하는 13년간 누적수익률 2,700%와 연평균 수익률 29.2%를 기록했다. 오랫동안 높은 수익률을 올린 배경에는 집중 투자가 있었다. "현명한 투자자들은 가진 돈을 잔뜩 겁니다. 크게 베팅하죠." 버핏과 함께 버크셔해서웨이를 이끄는 찰스 멍거(Charles Thomas Munger)는 말한다. 주식 투자에 성공한 사람들은 대부분 여러 종목을 분산투자하기보다 몇 개 종목에 집중 투자한다. 소수 종목에 집중 투자하는 방법은 주식 투자의 장점인 유동성을 극대화하는 가장 좋은 방법이다.

주식 투자의 장점인 유동성을 이용하는 또 다른 투자 방법은 지속 투자다. 주식 투자의 가장 큰 장점은 복리다. 복리에 관해서라면 인도의 체스 게임 차투랑가를 개발한 라즈리시 모한의 이야기를 참고할 만하다. 전투에 이긴 장군이 차투랑가를 하면서 전략을 익혔다는 것을 안 라주 왕이 어느 날 개발자인 라즈리시를 불러 상을 주겠다고 말한다. 라즈리시는 고민 끝에 차투랑가 판의 첫 칸에 쌀 한 톨, 그리고 다음 칸으로 갈 때마다 전 칸의 두 배를 달라고 했다. 왕은 소박한 소원이라고 생각했으나 실제로 쌀을 놓아보자 지킬 수 없는 약속이란 것을 알게 된다. 64칸 자리 가운데 첫 번째 칸에서 한 알로 시작한 쌀이 40번째 칸에서는 무려 2,000가마로 불어나고 41번째 칸에서는 4,000가마, 이런 식으로 불어나 전 세계의 쌀을 다 모아도 체스 칸의 자리를 채울 수 없다는 계산이 나왔기 때문이다. 복리가 얼마나 대단한지 보여주는 이야기다. 주식은 지속 투자를 통해서 이런 복리 효과를 누릴 수 있다. 유동성이라는 특징을 가지고 있기 때문이다.

부동산 투자의 가장 큰 장점은 사용가치다. 투자상품 가운데 직접 사용할 수 있는 것은 거의 없다. 사용가치를 극대화하여 투자하는 방법은 무엇일까? 바로 대출이다. 부동산은 레버리지 효과를 극대화해야 한다. 부동산은 사용가치가 있기 때문에 레버리지를 극화하는 투자 방법이 가능하다. 레버리지의 의미는 차입한 돈을 지렛대 삼아 자기자본 수익률을 극대화하는 것이다. 사전적 의미는 포함되어 있지 않지만 자기자본을 최대한 이용할 수 있다는 장점도 가지고 있다.

1973년, 우간다에서 추방된 파파 파텔(Papa Patel)은 아내와 세 아이를 데리고 미국에 난민으로 정착했다. 최저임금으로 일하던 파텔은 어느 날 객실이 20개인 작은 모텔이 매물로 나온 것을 알게 되었다. 가격이 굉장히 싸다고 판단한 그는 최대한 대출을 받아서 매입한다. 뿐만 아니라 부족한 자금을 조달하기 위해 가족들과 함께 모텔에서 거주하기로 했다. 객실 두세 개를 활용하면 가족이 지낼 수 있고, 그렇게 되면 임대료를 내거나 주택담보 대출금이 필요 없어 대출을 더 끌어올 수 있기 때문이었다. 심지어 가족 전부가 일하면서 지출하는 비용도 없었다. 그 결과 파파 파텔은 현재 미국에서 가장 많은 모텔을 보유한 부동산 부자 가운데 한 사람이 되었다.

사용가치로 생각하면 부동산을 통한 다양한 레버리지가 가능하다. 우선 은행 대출이다. 은행 대출도 다른 투자 대상과 비교하면 상대적으로 차입 규모가 크다. 대출 기관이나 규제 당국은 사용가치가 있는 부동산에 대해 다른 투자보다 부채 규모를 완화해주는 경향이 있다. 최근에는 투기 지역의 경우 LTV를 40%만 허용하고 금액별로 대출을 제한하지만, 이를 감안하더라도 상대적으로 대출을 많이 일으킬 수 있는 자산이다. 자기자본을 통한 레버리지가 가능하다. 투자 목적으로 부동산을 구매한다면 사용가치가 있기 때문에 자기자본 투자를 극대화할 수 있다. 파파 파텔처럼 살 집으로 생각하면 거주 비용이 줄어들기 때문이다.

한국에서는 사용가치 때문에 독특하게 전세자금을 활용한 부동산 투자도 가능하다. 일종의 갭투자다. 금융기관의 차입은 규제가 많은데 전세자금을 활용한 주택 매입에는 규제가 크지 않다. 투자 목적이라면 임차인을 끼고 주택을 매입한다. 또한 내가 살고 있는 전세를 보증으로 대출을 받아 주택을 매입할 수도 있다.

부동산과 주식 투자에서는 각각의 본질적인 장점을 극대화하는 투자 방법이 필요하다. 주식 투자는 유동성을 극대화한 집중 투자와 지속 투자 방법이 좋다. 여러 종목보다 소수 종목을 선정하고 집중하며 지속적으로 투자해야 한다. 부동산은 레버리지를 극대화해서 투자해야 한다. 자기자본을 극대화하고 대출을 최대한 활용해야 한다. 부동산은 사용가치라는 장점을 가지고 있어서 대출을 통한 투자가 가능하다.

투자 방법을 알았다고 끝난 것이 아니다. 또 다른 문제가 남아 있다. 바로 투자 대상 선정이다. 어떤 주식에 집중 투자하고 어떤 부동산에 대출을 최대한 일으킬 것인가 하는 문제다. 이에 대해서는 앞서 5~6장에서 언급한 투자 원칙을 참고하라. 그 전에 염두에 두어야 할 것이 있다. 현명한 투자를 하려면 시장과 시스템에 대한 이해가 필요하다. 주식과 부동산 가격은 장기적으로 본질가치와 특성에 따라 움직일 수 있다. 그러나 쉴 틈 없이 움직이는 가격은 시장과 시스템이 만든다. 투자 기회가 생기기도 하고 위험이 발생하기도 하는 이유다.

운을 무시하지 마라

2020년 5월, 새벽부터 서울 시내 유명 백화점 앞에 사람들이 긴 줄을 섰다. 코로나19로 백화점을 방문하는 사람이 많지 않았는데 특이한 모습이었다. 백화점 문이 열리기 네 시간 전인데도 사람들이 줄을 서서 기다린 이유는 바로 샤넬 때문이었다. 샤넬이 제품 가격 인상을 예고하자 값이 오르기 전에 샤넬 가방을 사려는 사람들로 넘쳐난 것이다. 백화점 철문이 열리기 무섭게 사람들은 매장으로 달려갔다. 심지어 넘어져서 다치는 사람도 있었다. 그들은 '샤테크'라며 스스로의 행동을 변명했다. 이것도 투자일까?

　혼란스러울 때는 근본으로 돌아갈 필요가 있다. 사람들은 근본적인 이유보다 현황과 행위, 이유에 대해 더욱 관심을 가진다. 결과에 집착하기 때문이다. 김영민 서울대 교수는 〈"추석이란 무엇인가" 되물어라〉라는 경향신문 칼럼에서 혼란스러운 질문에 답하려면 오히려 근본적인 문제나 정체성에 대해 질문을 던져보라고 권한다. 추석날 오랜만에 만난 친척들이 "너 대체 언제 결혼할 거니?"라고 물으면 "결혼이란 무엇인가?"라고 되묻는 식으로 말이다. 그는 근본적인 질문이 자유를 선사할 것이라고 조언한다.

　투자에서도 혼란스러울 때는 근본적인 질문을 던져야 한다. 투자란 무엇인가? 답이 너무 쉬운지 대부분 생각하지 않는 질문이다. 그러나 반드시 질문하고 넘어가야 할 문제다. 투자는 돈의 생산성을 높이는 행위다. 즉 돈이 돈을 버는데 어떻게 효과적으로 많이 벌 것인지를 고민하는 것이 투자다. 프랑스 경제학자 토마 피케티(Thomas Piketty)는 자본수익률이 경제성장률보다 항상 높았다고 주장한다. 자본수익률이 경제성장률보다 높다는 이야기는 노동으로 돈을 버는 속도보다 돈이 돈을 버는 속도가 빠르다는 이야기다. 피할 수 없는 자본주의 속성이다.

　돈으로 하여금 어떻게 효율적으로 일하게 할지를 고민하면서 제일 먼저 알아야 할 것은 판이다. 노동생산성을 높이려면 기계 사용법을 익히고 식당이 어디에 있는지 알아야 한다. 마찬가지로 돈에게 일을 잘 시키려면 투자가 이루어지는 판과 사용법을 잘 알아야 한다. 투자란 무엇인가를 질문하면서 투자시장의 본질을 이야기하려는 이유다.

실제로 시장을 이야기해야 하는 이유는 투자 목적과도 관련 있다. 투자의 목적은 수익률 극대화, 즉 돈이 돈을 어떻게 더 많이 벌게 할 것인지에 있다. 수익 극대화는 가치와 가격의 차이가 커질 때 주로 발생한다. 가치는 투자 대상으로부터 출발하지만 가치와 거래가격의 차이는 시장이 만든다. 시장에 대한 이해가 필요한 이유다.

각자 투자 목적은 다를 수 있으나 모두 동의하는 투자의 최종 목표는 수익에 있다. 재미로 주식을 사고 심심해서 부동산을 사는 사람을 투자자라고 부를 수 없다. 1979년 미국을 방문하고 중국으로 돌아온 덩샤오핑(鄧小平)은 "검은 고양이든 흰 고양이든 쥐만 잘 잡으면 된다"라는 유명한 말을 남겼다. 국민이 잘 살게 하려면 어떤 이데올로기라도 받아들일 수 있다는 의지 표현이었다. 이념을 뛰어넘는 덩샤오핑의 적극적인 실용 정책으로 중국 경제는 빠르게 성장했고, 지금은 미국과 자웅을 겨루고 있다.

투자도 마찬가지다. 투자 목적인 수익을 달성하기 위해서라면 수단과 방법은 큰 문제가 되지 않는다. 가장 효과적인 방법을 선택하면 된다. 목적이 중요하고 방법은 후행한다. 현명한 투자를 위해서는 투자 목적인 수익 달성에 집중할 필요가 있다.

트럼프 대통령이 당선되기 전 월스트리트의 여러 유명 투자자들은 트럼프 후보가 대통령이 되면 미 증시가 폭락할 것이라고 예상했다. 미국과 멕시코 국경 문제뿐만 아니라 북미자유무역협정(NAFTA) 탈퇴, 중국과의 무역 분쟁으로 글로벌경제 체제가 위협받을 것이라고 생각했기 때문이다. 그러나 이면에는 재미있는 사실이 있었다. 정치적 성향을 볼 때 투자자들 가운데 많은 비중이 민주당 즉 리버럴을 지지하기 때문에 상대적으로 트럼프 후보에 대한 정치적 반감을 가졌다는 사실이다. 이들이 정치적 성향과 대통령 선거를 연결하여 결국 주가 하락도 불가피하다는 예상을 했다고 추측해볼 수 있다. 그러나 결과는 어땠는가? 투자자들의 정치적 성향과는 다르게 트럼프 당선 이후 미국 증시는 사상 최대치를 경신하고 있다.

단 트럼프 당선 직후 주식시장이 투자자들 예상대로 하락했을 때, 미국에서 대형 펀드를 운영하는 펀드매니저가 한 말이 인상적이다. "나는 트럼프를 정치적으로 지지하지 않는다. 그러나 투자는 다른 문제다. 트럼프가 대통령으로 당선돼서 오히려 나는 주가가 상승할 것이라고 생각한다. 내 정치적 성향을 투자와 연결하지 않는다. 그래서 나는 주식을 계속 살 것이다."

합법이라면 건전한 투자를 위한 어떤 생각, 어떤 행동도 고려해야 한다. 투자에서 목표는 당연히 수익을 얼마나 많이, 어떻게 낼 것이냐가 되어야 하기 때문이다. 주관적인 생각, 성향, 정치적 견해에 따라서 투자를 결정해서는 안 되는 이유다.

수익률 관점에서 투자시장의 본질 가운데 가장 먼저 이해해야 할 것이 있다. 바로 운이다. 마이크로소프트의 빌 게이츠는 성공에서 운이 차지하는 비중이 얼마나 되느냐는 질문을 받자 "엄청납니다"라고 답했다. 그리고 말을 이었다. "마이크로소프트가 PC용 소프트웨어 회사를 설립한 시점이 중요했습니다. 다른 요인도 있었겠지만 그때 회사를 차리는 행운이 없었다면 지금의 MS는 없었을 겁니다."

한국자산신탁 문주현 회장은 한국에서 부동산으로 가장 큰 부를 이룬 사람 가운데 한 명이다. 문주현 회장은 검정고시로 대학에 입학한 이후 부동산 개발 회사에 입사했다. 시장 호황기에 회사에서 승진이 빨랐던 그는 IMF를 맞이하면서 실업자가 되었다. 예상치 못한 위기로 직장을 잃은 그는 마흔둘 나이에 회사를 창업한다. 1998년 서초동에 5,000만 원 자본금으로 나홀로 창업했다. 이후 22년이 지난 지금 자기자본 2조 원에 달하는 국내 종합부동산 그룹의 회장이 되었다.

개인 주식 투자로 출발해서 한국에서 권위 있는 자산운용사 에셋플러스를 설립한 강방천 회장은 IMF 때 주식 투자로 큰 성공을 거두었다. 1999년에 현재 에셋플러스를 창업했다. IMF 때 1억 원으로 156억 원을 벌었다고 한다. 부동산과 주식 투자로 기회를 만든 두 사람의 공통점은 IMF였다. 역설적이지만 경제위기가 없었다면 두 사람은 지금의 위치에 있었을까? IMF는 두 사람의 의지로 만든 것일까? 주식과 부동산에서 크게 돈을 번 사람들의 공통점을 조사해보면 1998년과 2008년 회사를 설립하거나 투자를 시작한 경우가 많다. 위기 때 적극 투자한 것이 부를 형성한 원인이었다.

우리가 얻는 결과에는 실력과 운이 동시에 반영된다. 투자도 마찬가지다. 절대 실력만으로 수익률을 높일 수는 없다. "행운은 준비된 사람에게 찾아온다"라는 말은 고민해볼 필요가 있다. 오히려 솔직하게 "성공하려면 부모를 잘 만나라"라는 말이 더 현실에 가깝다. 실력과 운은 별개다. 노력하면 실력이 향상될 뿐이지 운은 전혀 바뀌지 않는다. 아무리 노력한다고 해서 부모가 바뀌지는 않는다.

주식 트레이더에게 교육서비스를 제공하는 트레이딩마켓닷컴(TradingMarkets.com)은 2006년 《플레이보이》 모델 열 명에게 주식 다섯 종목을 선정하게 했다. 주식을 모르는 사람도 투자를 잘할 수 있는지 알아보려는 대회였다. 우승자는 1998년 5월 모델이었던 디애나 브룩스로 수익률이 43%에 달했다. 같은 기간 S&P500지수 수익률은 13.6%였다. 브룩스의 수익률은 월스트리트 펀드매니저 중에서도 상위 10%에 해당하는 훌륭한 실적이었다. 흥미로운 점은 브룩스 이외에 초과수익을 달성한 사람이 네 명 더 있었다는 사실이다. 주식 투자에 참가한 모델 절반이 초과수익을 달성했다. 반면 모델들이 테니스 종목으로 프로선수와 경기를 했다면 어땠을까? 프로선수를 이길 수 있었을까?

투자는 어떤 분야보다 운이 크게 영향을 미친다. 엄밀히 말하면 운은 아무도 통제할 수 없다. 아이러니하게도 운과 실력이 같이 작용하는 시장에서 모두 실력이 향상된다면 운이 미치는 영향이 더 커지게 된다. 그렇다면 운의 영향이 큰 투자 분야에서 수익을 높이는 방법은 무엇일까?

운의 영향을 인정해야 한다. 사람들은 투자할 때 자신의 성공을 지나치게 과장한다. 운이 좋아 성공했는데도 실력이라고 생각한다. 반대로 실패한 경우에는 오히려 운이 좋지 않았다고 위로한다. 오히려 반대여야 한다. 주식에 투자해서 수익률이 높았다면 운이 좋았다며 겸손해야 하고, 부동산에 투자했다가 실패했다면 실력이 없었다고 반성해야 한다. 겸손은 실력을 만들고 반성은 운을 기다리게 하는 원동력이다.

투자는 운의 영역이 크기 때문에 결과가 아닌 과정에 집중해야 한다. 운이 미치는 영향이 크다면 인과관계가 명확하게 나타나지 않는다. 매번 정확하게 분석하고 투자해도 단기적으로 성과가 부진할 수 있다. 반대로 비밀 정보라는 친구 말을 믿고 산 주식이 하루 만에 상한가를 기록할 수 있다. 과정은 좋지 않았더라도 운이 좋았다. 그러나 계속 친구 말을 믿고 주식을 산다면 결국 손실을 피할 수 없다. 투자를 통해서 수익을 내려면 먼저 손실을 피해야 한다. 손실을 최소화하는 가장 좋은 방법은 결과보다도 신뢰할 만한 과정을 지키는 것이다.

운은 통제할 수 없다. 그러나 효과적으로 관리하는 방법은 분명 존재한다. 좋은 방법 가운데 하나가 운의 영향이 클수록 우연의 상황을 많이 만들면 된다는 것이다. 주식 종목 가운데 바이오 업종은 신약 개발이라는 불확실성이 큰 상황에 따라 주가가 크게 흔들린다. 신약을 개발했다고 하면 며칠 상한가를 기록하다가 반대로 실패하면 주가가 한없이 내려간다. 바이오 업종에서 가장 현명하게 투자하려면 신약 개발이 가능한 여러 종목을 동시에 매수하는 전략을 써보라. 예를 들어 신약을 개발 중인 회사 열 개를 매입했을 경우, 아홉 개 회사는 신약 개발이 늦어지거나 실패해서 주가가 부진할 수 있다. 그러나 그중 한 회사가 성공한다면 주가는 몇 배 상승해서 다른 손실을 모두 만회하고 결국 이득을 보게 된다. 열 개 종목을 분산투자하는 것이 바이오 한 개 종목에 집중하는 것보다 좋은 전략이다. 운의 영향이 큰 영역일수록 우연이 발생할 가능성을 높여야 한다. 운의 영향이 큰 시장에서 하늘은 스스로 돕는 자를 돕는다는 말은 열심히 노력하라는 말이 아니라 우연성을 더욱 강화해야 한다는 말로 해석할 수 있다.

운에 따라 움직이는 투자시장에서 과정을 중시하고 우연성을 강화해야 한다. 이것은 투자뿐만 아니라 인생에도 적용된다. 이러한 관점에서 56회 백상예술대상에서 드라마 부문 남자 조연상을 수상한 배우 오정세의 말을 귀담아들을 필요가 있다.

"100편이 넘는 작품을 했습니다. 성공도 했지만 망한 작품이 더 많습니다. 똑같은 마음으로 똑같이 열심히 했는데 결과가 달랐습니다. 세상은 불공평하다고 생각했습니다. 열심히 사는 사람들, 똑같은 결과가 아니었습니다. 불공평했습니다. 그럼에도 불구하고 포기하거나 지치면 안 됩니다. 무엇을 하든지 계속 한다면 위로와 보상이 찾아올 것입니다. 나에게 동백은 그런 의미입니다. 자책하지 마십시오. 여러분 탓이 아닙니다. 언젠가 여러분만의 동백을 만날 것입니다. 여러분의 동백꽃이 활짝 피길 응원합니다"(수상소감 의미를 되살려 고쳐 씀).

모든 것은 변하고, 모든 위기는 새롭다

2020년 초 주식시장에서 실리콘밸리 버블 이야기가 들리기 시작했다. 특히 미국 빅테크 5대 기업의 주가가 큰 관심사였다. 2020년 2월까지 12개월 동안 마이크로소프트, 아마존, 애플, 구글, 페이스북 주가는 52% 상승했다. 2조 달러 이상의 가치 상승으로 5대 회사 시가총액은 독일 전체 주식시장 시가총액 합산보다 커진 상황이었다. 테크 기업들의 빠른 주가 상승은 주식 버블 우려를 낳았다.

5대 회사의 시가총액 합산은 5.6조 달러로 S&P500지수 전체의 20%를 차지했다. 일부 기업이 주식시장에서 차지하는 비중이 최근처럼 높았던 경험은 20년 전이었다. 2000년에 마이크로소프트, 제너럴일렉트릭, 시스코, 인텔, 월마트 시가총액 합산이 S&P500지수의 약 20%를 차지했다. 이후 주식시장은 크게 하락했고 지금은 당시를 닷컴 버블이라고 부르고 있다.

닷컴 버블 재현을 우려한 사람들은 주식시장의 버블을 이야기했다. 공교롭게도 코로나19가 시작되면서 우려는 현실화되었다. 2월 21일부터 3월 23일까지 약 한 달 동안 빅테크 기업은 평균 주가가 24% 이상 하락했다. 테크 주식뿐만 아니라 한국 주식시장도 27% 넘게 하락했고, 미국 지수도 30% 이상 떨어졌다. 사람들은 패닉이라고 말했고 여기저기서 두려움이 몰려들었다. 경험해보지 못한 위기라며 사람들은 우왕좌왕했다. 아무도 주가가 하락한 주식을 쉽게 사지 못했다.

내일이 없을 것 같던 주식시장은 몇 개월이 지난 지금 코로나19가 무슨 문제냐며 의기양양하게 다시 회복했다. 빅테크 주식은 과거보다 더 높은 가격에 거래되고 있다. 주식시장에서 코로나19는 잊힌 지 오래다. 주식시장이 빠르게 회복한 가장 중요한 원인은 미국 중앙은행을 중심으로 한 적극적인 금융정책 때문이다. 금리 인하뿐만 아니라 적극적인 유동성 공급을 통해 시장의 우려를 잠식시켰고 그에 따라 투자자들의 심리가 회복되면서 주가가 빠르게 상승했다.

미국이 금리를 0%~0.25%로 하향하고 회사채 매입까지 적극 개입한 것은 코로나19처럼 경험해보지 못한 일이다. 1980년대 미국 기준금리는 20%대에 달했다. 이후 금리는 장기적으로 지속 인하되었다. 1990년 초 8%대였던 금리는 더 빠르게 떨어지며 3%대까지 하락한다. 사람들은 새로운 저금리 환경이라며 우왕좌왕했지만 이제 또 경험해보지 못한 마이너스 금리를 맞이하게 될 가능성도 있다.

투자 관점에서 주목하는 건 사건이 아니라 시장 변화다. 최근 우리는 글로벌 금융위기, 유로존 위기, 코로나19 대유행 등 많은 위험과 기회를 경험했다. 과거 경험을 통해 우리는 시장에 확실한 것이 별로 없다는 사실을 알게 되었다. 실적 전망은 틀릴 수 있고, 상황은 변한다. 확실은 불확실로 바뀌고 믿음은 불

골든 크로스

신의 씨앗이 된다. 그러나 한 가지는 확실하다. 대부분 많은 것이 변화한다는 사실이다.

코로나19 때문에 주가가 하락하자 전문가들이 스페인 독감, 글로벌 금융위기, 9·11 사태 등과 비교하며 주가 하락폭을 예상했다. 결과는 어떠했나? 코로나19가 빠르게 확산되면서 많은 사람들이 새로운 위기라며 두려워했다. 그러나 사실 그동안 우리가 겪었던 모든 위기는 새로웠다. 그리고 위기들은 예고 없이 찾아왔다. 위기는 예고하지 않으며 새로운 변화를 가져온다는 특징을 가지고 있다.

두루넷을 기억하는 사람은 많지 않다. 불과 20년 전 두루넷은 1999년 한국 기업으로는 처음으로 나스닥에 상장한 회사다. 초고속 인터넷 회사인 두루넷 티커(주식코드)는 'KOREA'였다. 두루넷(KOREA)은 나스닥에 상장한 첫날 주가가 공모가격 두 배로 폭등했다. 당시는 닷컴(dot-com), 넷(net)이라는 단어만 들어가도 주가가 상승하던 시기였다. 두루넷은 공모가 18달러 였다가 한 달 후 84달러까지 상승한다. 시가총액으로 45억 달러에 달했다. 두루넷은 한국에도 코스닥 주식 투자 열풍을 불게 했다. 하지만 3년이 지나자 두루넷 주가는 0.5달러로 떨어졌다.

미국 경제가 성장하고 주식시장이 호황이던 1990년대 미국 경제학계에서는 인터넷에 의한 새로운 경제가 도래했다고 들썩였다. 기업들이 인터넷과 통신을 통해 수요에 맞는 공급을 하게 되어 수요와 공급 불균형이 해소될 것이라는 새로운 경제 학설이 나왔다. 새로운 경제학에 따르면 미국 경제는 수급 불균

형에 따른 경기 변동이 없어지고 장기적으로 지속 성장할 수 있다고 단언했다. 1990년대 말 노벨경제학상을 수상한 로버트 솔로(Robert Merton Solow) 교수는 "미국 경제가 세계에서 가장 위대한 경제이고 따라서 갑자기 침몰할 우려는 없다"라고 말했다. 그는 미국 경제에 사이클은 없어졌고 주식시장은 항상 오른다고 주장했다. 사람들은 흥분했다. 2000년 3월 나스닥 지수는 사상 처음 5,000포인트를 돌파했다. 12개월 동안 100% 이상 상승한 결과였다. 닷컴 버블이라고 불리는 광풍이 불었다. 1990년대 호황은 주식뿐만 아니라 부동산시장, 소비, 달러까지 전 방위로 영향을 주었다.

상승만 할 것 같던 나스닥 지수는 2000년 3월을 기점으로 하락하기 시작했다. 나스닥 지수는 1년 만에 60% 이상 하락했다. 3년 후인 2002년 말에는 1,200포인트로 80%나 하락했다. 이후 3년간은 S&P500지수도 서서히 하락했다. 닷컴 버블은 주식시장에 크나큰 상처를 남겼다.

주식시장에 닷컴 버블이 있었다면 부동산시장엔 서브프라임 사태가 있었다. 닷컴 버블 이후 경제가 위축되면서 미국은 기준금리를 낮추기 시작했다. 2000년 말 6.5%였던 기준금리가 2003년에는 1%까지 인하되었다. 주식시장 위축으로 촉발된 유동성 확대는 부동산으로 유입되기 시작했다. 단순한 유동성을 넘어 자산유동화 시장이 발달하면서 다양한 모기지 대출 상품을 통해 부동산시장은 호황을 이어나갔다. 증권화된 주택 대출은 시간이 지날수록 고위험 대출을 증가시켰다.

골든 크로스

2000년대 들어서면서 시작된 미국 주택시장 호황으로 사람들은 부동산시장에 대한 믿음이 커졌다. 주택가격은 절대 빠지지 않을 것이고 담보대출 이자를 갚지 않을 사람은 없다며 참여자들은 호언장담했다. 사람들의 믿음은 오래가지 않았다. 경기 과열을 우려한 미국 중앙은행은 2006년 6월 기준금리를 5.25%까지 인상했고 상황은 바뀌기 시작했다. 대출금리가 인상되자 이자를 감당하지 못하는 대출자가 증가했고 주택 매물이 시장에 증가했다. 주택 매도물량이 증가하면서 가격 하락이 이어졌고 결국 글로벌 금융위기로 이어졌다.

금융이 주식과 부동산시장에 미치는 영향이 커지면서 시장 변동성이 커지고 있다. 변화는 결과가 아니라 시장의 기본 속성이 되었다. 중요한 것은 투자에서 변화란 과거의 반복을 의미하지 않는다는 점이다. 변화는 새로운 것에 의해 일어나기 때문이다. 새롭지 않은 것은 변화를 일으킬 수 없다. 위기를 맞이할 때마다 사람들은 과거 경험을 이야기한다. 그러나 새로운 위기 앞에서 과거 경험은 의미 없는 기준과 판단일 뿐이다. 영원히 상승한다는 주식시장과 부동산 불패를 믿는 사람들에게 변화는 단지 위험일 뿐이다. 그러나 변화를 고민하는 사람들에게 위기는 기회다. 투자에서 변화에 대한 믿음이 중요한 이유다.

2001년 이전 70달러였던 아마존 주가는 테크 버블이 터지면서 5달러로 추락했다. 꿈을 이야기하던 아마존을 다시 주목한 사람들은 많지 않았다. 20년이 지난 지금 아마존 주가는 3,000달러를 넘어섰다. 시장 변화를 믿었느냐 또는 안 믿었느

냐로 엄청난 결과 차이가 발생했다. 변화를 믿는다면, 이제 무
엇이 변화를 만드는지 알아야 한다.

무엇이 시장을 변화시키는가

코로나19 이후 미국에서는 실업률이 급증하기 시작했다. 3월
넷째 주 실업수당 청구 건수가 660만 건을 기록하면서 노동부
가 실업수당 신청을 집계하기 시작한 1967년 이후로 최고치를
기록했다. 투자자들은 공포스러운 수치를 보며 두려워했다. 그
러나 하락하던 주식시장은 실업수당이 최고치를 기록한 4월 초
부터 오히려 상승하기 시작했다.

　주식시장에서는 악재가 호재가 되기도 하고 호재가 악재
로 돌변하기도 한다. 코로나19 확진자 수가 증가했다는 뉴스에
오히려 주가가 상승하기도 하는 이상한 곳이다. 이러한 모순이
발생하는 이유는 무엇일까? 주식시장에서 실업률 상승, 소비
감소, 생산자 물가지수 하락은 악재가 될 수 있다. 경기 침체의
신호라고 생각할 수 있기 때문이다. 그러나 정반대의 상황도 연
출된다. 똑같은 뉴스도 주식시장에서는 호재로 받아들여질 수
있다. 실업률 상승이 미 연준의 금리 인하로 이어져 주가가 상
승한다는 논리다.

　호재가 악재로 변하거나 악재가 호재로 변하는 근본적인
원인은 투자시장이 예상에 따라 움직이기 때문이다. 투자를 하
려면 예측을 해야 한다. 미래에 투자하기 때문이다. 미래를 예

측하고 그에 따라 투자한다. 그래서 예측이 중요하다. 반면 투자에서 예측은 기상예보와는 본질적으로 다르다. 저녁 뉴스 시간에 내일 날씨를 예측한다고 해서 내일 날씨가 달라지지는 않는다. 비가 올 확률이 90%라고 말했다고 해서, 그것을 말한 시점 이후부터 비가 올 가능성이 낮아지거나 오히려 더 상승하지는 않는다. 그러나 투자에서는 기상예보와 달리 예측 때문에 결과가 달라진다.

많은 사람이 이제 주식시장이 하락할 것이라고 예상한다면 주식시장은 예측하는 시점보다 더욱 큰 폭으로 떨어질 가능성이 커진다. 가령 80% 하락을 이야기하면 더 많은 사람이 팔기 시작해서 주가가 90% 이상 하락할 가능성이 커진다. 자연현상과 달리 투자는 예측과 다르게 시장이 변화한다. 그 이유는 되먹임 현상이 발생하기 때문이다. 되먹임이란 예측을 통해 결과가 달라지는 현상을 말한다. 투자시장은 되먹임 현상 때문에 과거를 통해 예측한 대부분의 전망이 현실과 맞지 않을 가능성이 크다.

투자자들은 대부분 새로운 사실에 주목한다. 실적 개선, 매출 증가, 금리 변동, 재정정책, 부동산 규제 등 새로운 사실을 변동 요인으로 생각한다. 그러나 투자에서는 되먹임 현상으로 인해 뉴스가 호재가 될지 악재가 될지 판단하기 쉽지 않다. 투자 관점에서 중요한 것은 시장 변동을 이끄는 진정한 변화 요인이 무엇인가 하는 점이다. 즉 어떤 새로운 사실이 진짜 시장의 변화 요인인지를 구별하는 것이 더욱 중요하다.

주식시장과 부동산시장에서 투자자가 가장 관심을 가지는 것은 자산의 가격이다. 각종 언론 자료나 투자 보고서에는 최근 가격 등락을 보여주는 차트로 꽉 차 있다. 가격은 과거다. 결국 투자자들은 과거의 가격을 가장 중요한 투자 정보로 생각한다. 그러나 투자수익률을 높이려면 가격을 변동시키는 원인에 더욱 주목해야 한다. 자산 가격을 변동시키는 원인은 수요와 공급이다.

결국 가격변동을 일으키는 진짜 요인을 구별하려면 새로운 뉴스(사실)가 수요와 공급에 영향을 미칠 만한 것인지를 파악해야 한다. 새로운 뉴스(사실)가 투자시장의 수요와 공급에 영향을 미치려면 다음과 같은 특성을 가져야 한다. 일어날 것이라고 전혀 예상치 못한, 일어난 시점이 놀라운, 시장과 직접 관련이 없는, 과거에 없었던, 정말 사실인 뉴스가 수요와 공급을 변화시켜 시장의 변곡점을 만들 수 있다.

코로나19가 대표적이다. 자산시장과 직접 관련이 없었고, 누구도 예상치 못했으며, 과거에 전혀 없었던 뉴스였기 때문에 지속 상승하던 주식시장에 변곡점을 만들었다. 반면 이후 지속 증가하는 코로나19 확진자 수는 시장의 변화를 이끌 수 없는 사실이다. 누구나 예상할 수 있으며 코로나19는 이미 진행되는 일이기 때문이다. 반면 코로나19 관련해서 백신이 갑작스럽게 나온다면 그것은 시장 변동 요인이 될 수 있다.

과거 시장 변곡점에도 새로운, 놀라운, 관련 없는 뉴스들이 영향을 주었다. 대표적으로 9·11 테러다. 2000년 이후 IT 버블이 붕괴하면서 증시 침체가 이어지던 상황에 뉴욕에 예상치 못한 9·11 테러가 발생한다. 인류에게 끔찍한 사건이었지만 주식시장은 9·11 테러로 변곡점을 만들어졌다. 9·11 테러 이후 단기간에 한국 주식시장은 90% 이상 놀랄 만한 상승세를 보여준다.

세계 금융에도 주식시장 폭락을 가져온 직접적인 뉴스는 서브프라임 이슈가 아니었다. 서브프라임 문제는 2007년 4월부터 이미 진행되고 있었다. 미국 2위 서브프라임 모기지 대출회사인 뉴센추리파이낸셜이 파산을 신청한 이후 모기지 회사들은 경영상의 어려움을 겪었다. 그러나 주식시장은 오히려 침착하게 상승세를 이어간다. 오히려 2007년 12월에는 다우지수가 역대 최고치를 기록하기도 했다. 가장 큰 변곡점을 만든 것은 리먼브라더스 파산 신청이었다. 2008년 9월 15일 미국 4대 대형 투자은행(IB)이었던 리먼브라더스가 파산한다. 미국 역사상 최대 규모의 파산이었다. 서브프라임 문제에도 정부의 적극적인 지원으로 잘 버텨나가던 주식시장은 큰 충격을 받았다. 글로벌 금융위기가 본격적으로 시작되었다.

뉴스 자체로 호재와 악재를 판단하기는 어렵다. 주목할 점은 변곡점을 만드는 뉴스의 특성이다. 투자를 목적으로 하는 자산시장에서 변곡점을 주목하는 이유는 투자에서 무엇(what)보다 언제(when)가 더 중요하기 때문이다. 주식이나 부동산 투자에서 좋은 자산은 쉽게 구별해낼 수 있다. 문제는 우량 자산이 꼭 훌륭한 투자가 되지는 못한다는 점이다. 삼성전자는 글로벌 반도체 시장에서 시장점유율 1위를 차지하는 훌륭한 회사다.

그러나 투자 관점에서 좋은 주식은 언제 사느냐에 따라서 크게 달라질 수 있다.

새로운 사실은 수없이 발생한다. 모든 사실이 시장 변동을 이끌지도 않는다. 본질적인 시장 변화에 영향을 미치려면 새로운 사실 자체가 다음과 같은 속성을 가져야 한다. 새롭고, 놀랍고, 관련 없는 사실이어야 한다. 더불어 시장을 움직이는 거시경제를 둘러싼 환경 변화도 같은 관점으로 이해해야 한다. 금리, 경제성장률, 환율, 무역 분쟁 등 여러 가지가 거시경제 구성요소다. 그러나 구성요소 자체가 중요한 것이 아니다. 경기 변화를 일으킬 만한 변화가 이루어질지를 판단해야 한다. 단순히 금리 인상 또는 인하가 중요한 것이 아니다. 시장에 영향을 미치고 변화를 이끌려면 금리 변화가 새롭고, 놀랍고, 관련 없는 사실인가 하는 점이 더욱 중요하다.

거시경제는 투자시장의 약세와 강세를 결정하는 중요한 요소다. 거시경제는 추세적인 특징을 띤다. 주식도 부동산시장도 거시경제의 영향을 받는다. 문제는 거시경제 추세가 변화한다는 점이다. 그렇다면 추세 변화를 이끄는 동력이 있기 마련이다. 동력이란 지금까지 추세에 역행하는 '새로운 사실'이다.

투자는
100미터 달리기가 아니다

저널리스트와 애널리스트가 하는 일은 비슷하다. 기자도 애널리스트도 리포트를 작성하고, 리포트를 작성하기 전에 취재나 리서치를 한다. 애널리스트가 기업을 탐방하고 객관적 데이터 등을 파악해 궁극적으로 알아내려 하는 것은 기업의 미래 가치고, 기자가 현장을 취재하고 객관적 정황 등을 통해 확인하려 하는 것은 사건의 진실이다. 한 사람은 기업의 진짜 모습을 알고 싶어 하고, 다른 사람은 진짜 현실의 모습을 보여주고 싶어 한다. 모두 인간의 호기심으로부터 비롯된 욕망이다.

그러나 불가능한 욕망이다. 진짜 실상(진실)은 시간에 따라 변한다. 인간은 시간을 동결시켜 현실을 화석화할 재간이 없다. 설사 시간을 동결시켜 현실을 화석화했다고 하더라도 이는 단면에 불과하다. 게다가 인간의 생각마저도 변한다.

생각해보라. 1980년대 여행 자유화가 허락되기 전 한국의 젊은이들이 그렸던 미국의 모습과 2020년 말 코로나19로 20만 명이 죽어가고 있는 미국을 바라보는 한국의 젊은이들이 그리는 세상의 모습이 같을까? 한국도 미국도, 미국인도 한국인도 변했다. 시간은 흘렀고 진실은 끊임없이 변하며 진실을 찾고 싶은 우리의 생각도 변한다.

세상은 고정된 정물화가 아니다. 이차원의 평면에 그려진 이중섭의 소가 아무리 생동감이 있다 하더라도 그 소에서는 윙윙거리는 파리 소리를 들을 수도, 풀 냄새를 맡을 수도 없다. 우리는 그림을 보며 상상을 해야 한다. 그래서 피카소는 나치가 스페인을 폭격했다는 신문 뉴스만을 보고 당시의 모습을 상상하며 〈게르니카〉를 그렸다. 그는 나치의 폭격을 현장에서 보지 못했지만 그의 그림 〈게르니카〉에는 스페인 내전에 처한 사람들의 모습이 입체적으로 분해되어 적나라하게 드러난다.

글을 마치려고 보니 이 책이 혹시라도 원근감이 잘 살아나게 그려진 고정된 정물화에도 미치지 못하는 건 아닐까 하는 두려움이 든다. 그러나 어떻게 하겠는가? 최선을 다했는데도 부족하다면 그건 온전히 저자들의 몫이다. 이 책을 덮은 뒤 불현듯 투자에 대한 자신만의 영감이 떠올랐다면 그것은 오롯이 독자의 몫이다.

Ⓢ

우리는 이 책에서 주식과 부동산 투자에 관해 많은 이야기를 했다. 현실을 말하고 미래를 전망하며 투자 원칙을 이야기했다. 가파르게 변화하는 세상에서 현재는 진부할 수 있고 예측은 달라지고 원칙은 흔들릴 수 있다.

몰라서 문제가 되는 것이 아니다. 확실히 알고 있는 것이 사실이 아니라는 점이 문제다. 마크 트웨인의 말처럼 투자를 이야기하고 미래를 예측하는 데 한계가 존재함을 인정한다. 그럼에도 우리는 미래에 투자해야 한다. 실패해도 끊임없이 예측하고 투자해야 하는 이유다.

성공하는 투자는 사실 실패를 통해 이루어진다. 호황기에 투자한 당신은 투자란 쉽고 변화를 알고 있으며 리스크는 걱정할 필요가 없다고 생각할 수 있다. 반면 투자에 실패한 사람은 더 공부하고 고민하며 리스크를 살필 것이다. 발전이란 원하는 것을 가지지 못했을 때 주어질 가능성이 높다.

실패에서 무엇인가 배우려면 장기적인 관점이 필요하다. 100미터 달리기에서는 한 번 넘어지면 끝이지만 마라톤에서는 한순간 실수는 큰 문제가 아니다. 투자는 삶이다. 기회는 다시 올 것이다. 혹시나 주식 투자에 실패해서, 내 집 마련을 하지 못해서 좌절하고 있는 독자가 있다면 당신은 성공을 위한 중요한 첫 출발점에 서 있다고 응원하고 싶다.

"물건과 물건 사이에 물건이 아닌 것이 끼어드는 더러움을 초의 선왕들은 경계했고, 돈물한 목왕도 그 가르침을 받들었다. 금붙이로 곡식이나 땅을 사고팔게 되면 곡식도 땅도 아닌 헛것이 인간 세상에서 주인 행사를 하게 되고, 사람들이 헛것에 홀려 발바닥을 땅에 붙이지 못하고 둥둥 떠서 흘러가게 되고, 헛것이 실물이 되고 실물이 헛것이 되어서 세상은 손으로 만질 수 없고 입으로 맛볼 수 없는 빈껍데기로 흩어지게 될 것이라고 선왕들은 근심했다."

소설가 김훈은 《달 너머로 달리는 말》에서 돈으로 움직이는 세상을 무겁게 이야기하고 있다. 하지만 피할 수 없는 현실이다. 피할 수 없다면 즐기라는 진부한 말을 꺼내지 않더라도 돈으로 좌우되는 세상을 우리는 다시 바라봐야 한다. 피할 수 없다면 투자하라.

오늘뿐만 아니라 내일을 살아야 하고, 내일을 위해 투자하는 모든 독자에게 이 책이 도움이 되기를 간절히 희망한다.

골든 크로스
주식과 부동산의 위기를
기회로 만드는 투자 전략

이광수·최경영 지음

초판 1쇄 2020년 11월 25일 발행
초판 6쇄 2020년 12월 17일 발행

ISBN 979-11-5706-204-1 (03320)

만든 사람들

기획편집	한진우
편집도움	김지혜
디자인	조주희
마케팅	김성현 김규리
인쇄	한영문화사

펴낸이	김현종
펴낸곳	(주)메디치미디어
경영지원	전선정 김유라
등록일	2008년 8월 20일 제300-2008-76호
주소	서울시 종로구 사직로 9길 22 2층
전화	02-735-3308
팩스	02-735-3309
이메일	medici@medicimedia.co.kr
페이스북	facebook.com/medicimedia
인스타그램	@medicimedia
홈페이지	www.medicimedia.co.kr